COLLECTION
ROLF HEYNE

LORENZA DE' MEDICI

PARADIES DER FRÜCHTE

MIT 110 REZEPTEN

FOTOGRAFIERT VON MIKE NEWTON

WILHELM HEYNE VERLAG
MÜNCHEN

Wenn nicht anders angegeben, sind die Rezepte für sechs Personen berechnet.

Titel der Originalausgabe:
A Passion for Fruit

Ins Deutsche übertragen von Annekatrin Gudat

Die Originalausgabe erschien 1999 bei
PAVILION BOOKS LIMITED
London House, Great Eastern Wharf, Parkgate Road, London SW11 4NQ

Umschlaggestaltung: Hauptmann und Kampa Werbeagentur, CH-Zug
Layout: David Fordham
Lithographie: Alliance Graphics
Herstellung: Karlheinz Rau
Satz: Jürgen Hübner
Druck und Bindung: Egedsa, Spanien

Printed in Spain

ISBN 3-453-16306-0

INHALT

EINLEITUNG

Das Wort »Paradies« stammt aus dem Altpersischen und bezeichnete ursprünglich die ummauerten Obstgärten von Königen und Adeligen. In unserem Kulturraum verstand man unter »Paradies« den Garten Eden, einen irdischen Ort höchster Glückseligkeit; später wurde das Wort dann zum Synonym für einen Zustand ewigen Glücks. Leider wurden wir aus dem Garten Eden vertrieben und haben unser irdisches Paradies verloren, doch glücklicherweise sind wir immer noch mit Obstbaumwiesen und Gärten voller wunderbarer Früchte gesegnet.

Frische Früchte sind ein Fest für all unsere Sinne: Sie sind prächtig anzuschauen, wenn sie an den Büschen, Bäumen oder in der Obstschale leuchten; ihr Duft schmeichelt unserer Nase; unser Tastsinn erfreut sich an ihrer Berührung, und beim Essen haben wir nicht nur ein herrliches Geschmackserlebnis, sondern zudem noch die Gewißheit, daß wir etwas sehr Gesundes zu uns nehmen. Doch heutzutage sind wir erneut in Ungnade gefallen, denn wir leben in einer Welt, die für solch sinnliche Vergnügungen immer weniger übrig hat. Auf dem großen Marktplatz Welt mit all seinen modernen Technologien und kommerziellen Interessen, wo es keine Saison mehr gibt und alles das ganze Jahr hindurch verfügbar ist, laufen wir Gefahr, die Freude an den einfachen Dingen zu verlieren: Wie schön ist es doch, eine frische, sonnengereifte und vor Ort gewachsene Frucht zu essen! Gern würde ich mit meinem Buch dazu beitragen, daß wieder mehr Menschen bis zum Sommer warten, um frische Erdbeeren zu essen, und sich im Winter an ihrem Eingemachten freuen.

Als wider Erwarten problematisch erwies sich das Unterfangen, die passenden Rezepte zu den jeweiligen Früchten zu finden. Immer wieder ertappte ich mich bei dem Gedanken: »Die beste Art, diese Frucht zu genießen, ist der direkte Weg vom Baum in den Mund.« Dennoch muß ich eingestehen, daß es mir ein besonderes kulinarisches Vergnügen bereitet, mit Früchten zu kochen oder Gerichte mit Früchten zu essen; es bietet einem die Möglichkeit, den Beginn einer jeden Jahreszeit mit neuen Farben, Aromen und Geschmacksnuancen zu feiern. Ich habe einige meiner Lieblingsrezepte mit Früchten ausgesucht, die Ihnen in der Küche und bei Tisch hoffentlich viel Freude machen.

KERN- UND STEINOBST

ÄPFEL

PYRUS MALUS

Und sind die Blumen abgeblüht,
So brecht der Äpfel goldne Bälle …
(Theodor Storm, Herbst)

In den religiösen Mythen vieler alter Kulturen gilt der Apfel als Paradiesfrucht, als heilige Frucht, deren Verzehr den Menschen Unsterblichkeit bringen sollte. Zu dieser Vorstellung paßt sehr schön die Entdeckung einiger Botaniker, die in den Berghängen Kasachstans das Ursprungsgebiet des Apfelbaumes gefunden haben: eine Region, die von den Russen »Himmelsberge« genannt wird. Jeder, der einmal einen reifen Apfel direkt vom Baum gegessen hat, wird Verständnis für Adam und Eva haben und zugeben, daß diese Frucht mit ihrer Kombination aus knackig-saftigem Fruchtfleisch und süßsäuerlichem Geschmack etwas himmlisch Verführerisches hat.

Mit über 7500 verschiedenen Sorten gehört der Apfel heute zur verbreitetsten Frucht überhaupt. Von extremen Klimazonen einmal abgesehen, gedeiht er in jeder Region, praktisch das ganze Jahr hindurch, und kommt in allen möglichen Größen, Formen, Farben und Geschmacksrichtungen vor. So gibt es neben der runden Frucht auch längliche oder kegelförmige Varianten. Ebenso vielfältig ist die Farbpalette der Äpfel: Sie reicht von Grün über Gelb, Braun und Rot bis hin zu Violett und nahezu Schwarz; einige Sorten sind gestreift, gefleckt oder gesprenkelt. Das Fruchtfleisch kann golden, weiß und grünlich sein oder sogar rosa – beißen Sie einmal in einen Pink Pearl, Sie werden angenehm überrascht sein. Manche Äpfel sind fest und knackig beim Reinbeißen, andere wiederum weich und zart. Vom Geschmack her können sie säuerlich, herb, süß oder würzig sein, und einige Sorten haben, wie es sich für diese archetypische Frucht geziemt, ein Aroma oder einen Beigeschmack von anderen Früchten, wie Bananen oder Trauben.

Leider kommen die meisten von uns nicht einmal annähernd in den Genuß dieser Sortenvielfalt. Da der moderne Verbraucher Bilderbuchäpfel verlangt und die industrielle Apfelproduktion nicht gerade unproblematisch ist – um Seuchen und Krankheiten zu bekämpfen, werden die Bäume und die Früchte in Apfelplantagen mehrmals pro Jahr mit giftigen Chemikalien bespritzt –, sind viele ausgesprochen schmackhafte Apfelsorten, die traditionell bei uns gegessen wurden, nahezu ganz aus dem Handel verschwunden. Und noch Schlimmeres ist in Sicht: der gentechnisch manipulierte Apfel. Doch glücklicherweise gibt es überall auf der Welt eine Generation junger Apfelzüchter, die weiterhin die traditionellen Sorten ihrer Regionen anbaut und versucht, den »Äpfeln der Vorväter« zu einer Renaissance zu verhelfen.

Von den relativ wenigen Sorten, die uns noch geblieben sind und die überall leicht zu bekommen sind – es sind gerade mal ein Dutzend –, ist ein Cox Orange Pippin wohl der beste »Allzweckapfel«. Sein saftiges, aromatisches Fruchtfleisch eignet sich vom Geschmack her sehr gut zum Rohessen, andererseits ist er von seiner Festigkeit her auch ein idealer Kochapfel. Zum Backen ist meiner Meinung nach der angeblich aus Italien stammende Gravensteiner am besten geeignet.

ÄPFEL MIT GESCHMORTEM ROTKOHL

1 KLEINE ZWIEBEL, GEWÜRFELT
3 EL NATIVES OLIVENÖL EXTRA
1 KG ROTKOHL
6 COX-ÄPFEL, GESCHÄLT, OHNE KERNGEHÄUSE UND GEVIERTELT
SALZ UND PFEFFER

In einer großen Pfanne die Zwiebel in dem Olivenöl braten, bis sie glasig wird. Den von Strunk und Blattrippen befreiten und in feinste Streifen geschnittenen Kohl hinzufügen. Zugedeckt bei niedriger Temperatur etwa eine Stunde lang weich dünsten. Bei Bedarf etwas Wasser hinzufügen, um den Kohl feucht zu halten. Die Äpfel dazugeben und weitere 10 Minuten kochen. Mit Salz und Pfeffer würzen und gut umrühren. Heiß servieren, zum Beispiel zu Wildbret oder Lamm.

APFEL-MINZ-SORBET

ERGIBT ETWA 1 LITER

2 KG GRANNY SMITH, GESCHÄLT, VOM KERNGEHÄUSE BEFREIT
4 EL WASSER
1 HANDVOLL FRISCHE MINZEBLÄTTER ODER 2 EL GETROCKNETE MINZE
240 G ZUCKER
4 EL CALVADOS

Die Äpfel in Scheiben schneiden und in einen Topf geben. Das Wasser und die Minze hinzufügen und etwa 5 Minuten zugedeckt, unter gelegentlichem Umrühren, kochen lassen, bis die Äpfel weich sind. Die frische Minze entfernen, den Zucker hinzufügen und einrühren, bis er sich aufgelöst hat. Die Apfelmischung im Mixer pürieren. Etwas abkühlen lassen, den Calvados hinzufügen und gut untermischen. Gießen Sie die Sorbetmischung in eine Schüssel, die Sie dann mindestens 4 Stunden im Gefrierschrank stehenlassen. Nach 30 Minuten die Masse erstmals herausnehemen und kräftig durchschlagen. Dann in den Gefrierschrank zurückstellen. Die Masse noch zwei Mal in halbstündlichen Intervallen durchschlagen, dann das Sorbet fest werden lassen.

APFEL-REIS-BÄLLCHEN

480 ML MILCH
240 G RISOTTOREIS (ARBORIO)
120 G ZUCKER
4 ÄPFEL ZUM KOCHEN
1 EL GEMAHLENER ZIMT
3 GROSSE EIER
90 G MEHL
1 LITER ÖL ZUM FRITIEREN
30 G PUDERZUCKER

Die Milch in einem Topf zum Kochen bringen. Den Reis hinzufügen und unter Rühren bei geringer Hitze etwa 18 Minuten lang weich kochen. Den Zucker einrühren und das Ganze auf Raumtemperatur abkühlen lassen. Die Äpfel schälen, vom Kerngehäuse befreien, reiben und mit dem Zimt zum Reis geben. 2 Eier trennen und das Eigelb mit der Reismischung vermengen. Das Eiweiß schlagen und vorsichtig unterziehen. Das dritte Ei auf einem Teller verquirlen. Aus der Reismischung walnußgroße Bällchen formen, durch das verquirlte Ei ziehen und im Mehl wälzen. Das Öl in einem großen Topf auf 175 °C erhitzen und darin die Apfel-Reis-Bällchen portionsweise etwa 5 Minuten lang goldgelb backen. Auf Küchenpapier abtropfen lassen und dann mit dem Puderzucker bestäuben. Nach Möglichkeit sofort servieren.

BIRNEN

PYRUS COMMUNIS

Gelbe Birnen winken,
Daß die Zweige sinken
Unter ihrer Last.
(Johann Gaudenz von Salis-Seewis, Herbstlied)

Birnen stammen aus Kleinasien. Im Laufe der Jahrhunderte entwickelten die Pflanzenzüchter zwei verschiedene Birnenarten: die europäische und die asiatische Birne, die beide noch heute existieren. Bereits im alten Rom unterschieden die Botaniker fünfzig verschiedene Sorten, und zur Zeit der Renaissance kultivierten die Gärtner der Medici etwa zweihundert Birnensorten. Von der Williams-Christ-Birne heißt es, sie sei durch Francesco di Paola nach Frankreich gekommen, als dieser sie aus Kalabrien an den Hof Ludwigs XIV. mitbrachte. Da Ludwig XIV. ein schier unersättliches Verlangen nach dieser Frucht an den Tag legte, avancierte die Birne zur Lieblingsfrucht des Hofes, und die Gärtner von Versailles entwickelten schon bald immer neue und geschmackvollere Varianten. Heute sind über fünftausend Birnensorten bekannt, obwohl nur etwa ein Dutzend davon kommerziell angebaut wird. Europas größter Birnenproduzent ist Italien, wobei aus den Früchten zumeist Saft hergestellt wird.

Einige Birnenarten reifen schon gegen Ende Juli, andere erst im Herbst oder im Frühwinter. Birnen zum richtigen Zeitpunkt zu ernten ist nicht so einfach, denn anders als die meisten anderen Gartenfrüchte reifen Birnen von innen nach außen. Wenn Sie mit dem Ernten also warten, bis die Birnen am Baum reif aussehen, ist das Innere schon matschig. Deshalb müssen die Früchte bereits im unreifen Zustand geerntet werden. Sobald eine Birne reif zum Verzehr ist, ist sie auch sehr schnell über den Punkt. Wenn Sie also nicht vorhaben, die Birne quasi noch am gleichen Tag zu essen, kaufen Sie lieber etwas unreifere Früchte, die Sie dann zu Hause noch einige Tage liegenlassen können, bis sie genau den richtigen Reifegrad erreicht haben. Dieser Zeitpunkt ist gekommen, wenn das Fruchtfleisch am Stengel auf Druck leicht nachgibt.

Birnen haben vielerlei Formen und Farben und in verschiedenen Ländern auch unterschiedliche Namen. Doch die meisten Birnenfreunde bevorzugen entweder weiche, butterige, süße und saftige Typen, wie die Anjou oder Bartlett (die Williams Christ), oder feste, knackige, körnige und leicht säuerliche Sorten wie die Roche oder die Forelle.

Birnen eignen sich sehr gut für Salate und Desserts. Der berühmte Küchenchef Escoffier servierte sie in seinem weltbekannten Rezept »Poire Belle-Helène« mit Vanilleeis und warmer, dunkler Schokoladensauce. Ein altes toskanisches Sprichwort rät dem Grundbesitzer, seinen Pächtern nicht zu erzählen, wie gut Birnen mit Pecorino, dem aus Schafsmilch gewonnenen Käse, schmecken – sonst könnte er Gefahr laufen, daß seine Pächter zum vereinbarten Zeitpunkt weniger von beidem abliefern. Wie immer bei Volksweisheiten haben natürlich auch in diesem Fall die Bauern selbst das Sprichwort ersonnen, um sich über den *padrone* lustig zu machen.

POCHIERTE BIRNEN MIT KARAMELSAUCE

6 FESTE BIRNEN, GESCHÄLT, HALBIERT UND VOM KERNGEHÄUSE BEFREIT
120 G ZUCKER
6 EL ROTWEIN
240 ML SCHLAGSAHNE

Die Birnen mit der Hälfte des Zuckers und dem Wein zugedeckt bei geringer Hitze in einem Topf etwa 10 Minuten weich kochen. Die Birnen abtropfen lassen und auf einem Teller anrichten. Den Saft aufbewahren. Den restlichen Zucker in einem kleinen Topf zum Kochen bringen und rühren, bis der Zucker sich aufgelöst hat. Weiterkochen, ohne umzurühren, bis der Zucker karamelisiert. Den zurückbehaltenen Saft hinzufügen. Die Sahne steif schlagen, dann unter die Karamelsauce ziehen. Die Sauce mit einem Löffel über die Birnen geben und servieren.

TARTE TATIN – UMGESTÜRZTER BIRNENKUCHEN

90 G BUTTER
90 G ZUCKER
4 FESTE BIRNEN, GESCHÄLT, HALBIERT UND VOM KERNGEHÄUSE BEFREIT
1 SCHEIBE BLÄTTERTEIG, AUFGETAUT FALLS TIEFKÜHLWARE

Den Ofen auf 200 °C vorheizen / Gas Stufe 6.

Eine Backform (Durchmesser 23 cm) mit der Butter bedecken und den Zucker darüberstreuen. 6 Birnenhälften mit der Spitze zur Mitte und der gerundeten Seite nach unten in die Form legen. Die verbleibenden zwei Birnenhälften in Scheiben schneiden und die Lücken damit ausfüllen.

Die Backform auf die Herdplatte stellen und geringe Hitze zuführen, bis der Zucker und die Butter anfangen zu karamelisieren. Die Form von der Platte nehmen und abkühlen lassen. Die Blätterteigscheibe als Deckel über die Birnen breiten und überall mit einer Gabel einstechen. Etwa 30 Minuten backen, bis der Teig goldbraun ist. Komplett auskühlen lassen. Kurz vor dem Servieren die Backform noch einmal auf die Herdplatte stellen und einige Minuten stark erhitzen, bis der Karamel geschmolzen ist. Nun die Tarte auf eine Platte stürzen – aber Vorsicht, verbrennen Sie sich nicht an der heißen Flüssigkeit! Warm servieren.

BIRNENTÖRTCHEN

360 G BLÄTTERTEIG, AUFGETAUT FALLS TIEFKÜHLWARE
2 FESTE BIRNEN, GESCHÄLT, HALBIERT UND VOM KERNGEHÄUSE BEFREIT
2 EL BIRNENSCHNAPS
30 G ZUCKER
1 EL WASSER
30 G BUTTER

Den Ofen auf 200 °C vorheizen / Gas Stufe 6.

Aus dem Blätterteig 6 Kreise von 10 cm Durchmesser ausschneiden. Diese auf ein Backblech legen und mit einer Gabel einstechen. Die Birnen in dünne Scheiben schneiden und leicht überlappend auf den Teigkreisen anordnen. 25 Minuten backen. Die Törtchen aus dem Ofen nehmen und die Birnen mit dem Schnaps einpinseln. Unterdessen in einem Topf bei mittlerer Hitze den Zucker und das Wasser kochen, bis der Zucker sich auflöst und beginnt zu karamelisieren. Den Topf von der Platte nehmen, die Butter einrühren und die Birnen mit der Sauce einpinseln. Warm servieren.

APRIKOSEN

PRUNUS ARMENIACA

Aprikosen mit Mandelsplittern –
Wer wollte an ihrer Süße zweifeln?
(Leyel, The Gentle Art of Cookery)

Ich weiss nicht genau, warum, aber immer wenn ich im Winter eine getrocknete oder eingemachte Aprikose esse, habe ich das Gefühl, ich hätte mir gerade ein Stückchen Sonne in den Mund gesteckt. Vielleicht ist es die warme, goldene Farbe der Frucht; vielleicht liegt es aber auch daran, daß der Aprikosenbaum als erster im Frühjahr blüht und die Hoffnung auf kommende sonnige Tage weckt. Die Perser nannten die Aprikosen »Samen der Sonne«, und bei den alten Griechen hießen sie »goldene Eier der Sonne« – anscheinend ist mein Gefühl also universell.

Die alte lateinische Bezeichnung für diese Frucht, von der auch unser Wort »Aprikose« abgeleitet ist, war *praecoquus*, was »vorzeitig Früchte tragend« oder »frühreif« bedeutet. Diese frühe Reife ist für die Aprikosen aber nicht unbedingt von Vorteil, denn nur allzuoft werden die Blüten von einem späten Frost zerstört. In der nördlichen Toskana, wo ich lebe, haben wir manches Frühjahr gerade angefangen, uns an den wunderschönen Blüten zu freuen, da wird die ganze Pracht auch schon wieder von irgendeinem kalten, feuchten Wind zunichte gemacht.

Zudem werden die verbleibenden Früchte oft zu früh geerntet und kommen unreif auf den Markt, so daß sie häufig noch ein bißchen hart sind. Eine sonnengereifte Aprikose ist erst im Hochsommer reif zum Pflücken. Dann hat sie eine so einmalig schöne Farbe entwickelt, daß der Farbton »apricot« nach der Frucht selbst benannt wurde: ein strahlendes Gelborange mit einem Hauch von Rosenrot. Die Haut der Aprikose ist samtig, und die Frucht hat einen phantastischen Duft. Das Fleisch ist weder saftig noch trocken, eher fest und fleischig, dazu herrlich aromatisch und süßlich im Geschmack.

Im Garten eines Freundes komme ich manchmal in den Genuß, richtig reife Aprikosen – noch warm von der Sonne – direkt vom Baum zu kosten, doch das ist leider eine sehr seltene Gaumenfreude. Glücklicherweise schmecken Aprikosen auch in getrockneter Form ganz ausgezeichnet: Während des Landeanflugs auf San Francisco sah ich einmal auf den Hügeln der Obstgärten von San José unzählige Tücher mit leuchtend orangefarbenen Aprikosen in der Sonne liegen. Ein einfaches Rezept zum Einweichen getrockneter Aprikosen ist das Einlegen in Vin Santo. Frisch gekochte und eingemachte Aprikosen ergänzen sowohl herzhafte als auch süße Gerichte um eine wunderbare Geschmacksnote und geben dem Gericht einen Hauch von östlicher Exotik.

APRIKOSENCHUTNEY

ERGIBT 600 G

120 G GETROCKNETE APRIKOSEN
500 G FRISCHE APRIKOSEN, HALBIERT UND ENTSTEINT
1 HANDVOLL DUNKLE ROSINEN
1 EL GEMAHLENER PIMENT
6 GEWÜRZNELKEN
500 ML ROTWEINESSIG
240 G ZUCKER
2 ÄPFEL, GESCHÄLT, VOM KERNGEHÄUSE BEFREIT UND GERIEBEN

Die getrockneten Aprikosen waschen und in eine Schüssel geben. Mit Wasser bedecken und etwa 1 Stunde stehenlassen, bis sie weich sind. Abtropfen lassen und grob zerkleinern. Die frischen Aprikosen zusammen mit den eingeweichten Aprikosen in einen Topf geben, die Rosinen, den Piment, die Gewürznelken, den Essig, den Zucker und die Äpfel hinzufügen und alles zugedeckt etwa 2 Stunden köcheln lassen, bis die Flüssigkeit verdampft ist. Halten Sie einige sterilisierte, angewärmte Marmeladengläser bereit, in die Sie dann das Chutney füllen. Die Gläser gut verschließen. Das Chutney hält sich bis zu 2 Wochen im Kühlschrank. Wollen Sie Ihr Chutney bis zu einem Jahr aufbewahren, so müssen Sie die fest verschlossenen Gläser in einen Topf stellen, mit Wasser bedecken und 25 Minuten kochen lassen. Den Topf vom Feuer nehmen und die Gläser im Wasser vollkommen auskühlen lassen. An einem kühlen, dunklen Ort lagern.

SCHWEINELENDE MIT APRIKOSEN

1,5 KG SCHWEINELENDE
(ALTERNATIV: HÄHNCHEN, ENTE ODER WILDBRET)
SALZ UND PFEFFER
30 G BUTTER
2 EL NATIVES OLIVENÖL EXTRA
600 G APRIKOSEN
9 AMARETTI (MANDELKEKSE), ZERKRÜMELT
90 G PUDERZUCKER
1 GROSSES EI

Den Ofen auf 200 °C vorheizen / Gas Stufe 6.

Das Schweinefleisch mit reichlich Salz und Pfeffer würzen. Die Butter und das Öl in einer Bratenform erhitzen und das Fleisch hineingeben. Etwa 1 Stunde im Ofen braten lassen, dabei mehrmals wenden. Während das Fleisch gart, die Aprikosen halbieren und entkernen. Die zerkrümelten Amaretti mit Hilfe einer Gabel gut mit dem Puderzucker und dem Ei vermischen. Eine Backform mit Backpapier auslegen, die Aprikosen hineingeben und zusammen mit dem Fleisch etwa 10 Minuten in den Ofen stellen. Aus dem Ofen nehmen, das Fleisch in Scheiben schneiden und auf einer Servierplatte anrichten. Mit den Aprikosen garnieren und sofort servieren.

APRIKOSENREIS

300 G REIS, WENN MÖGLICH ARBORIO
600 ML MILCH
500 G APRIKOSEN
3 GROSSE EIGELB
90 G PUDERZUCKER
240 ML SCHLAGSAHNE

Den Reis in einem Topf etwa 5 Minuten kochen. Auf ein Sieb geben und abtropfen lassen, dann in den Topf zurückschütten, die Milch dazugeben und zugedeckt bei sehr kleiner Hitze etwa 30 Minuten ausquellen lassen. Abkühlen lassen. Die Aprikosen mit einigen Eßlöffeln Wasser in einen Topf geben und zugedeckt bei kleiner Hitze etwa 10 Minuten weich kochen. Abtropfen lassen, 12 Aprikosen für die Dekoration zurückbehalten und den Rest in einem Mixer pürieren. Das Aprikosenpüree mit dem Reis vermengen. Das Eigelb mit dem Puderzucker cremig schlagen und ebenfalls mit dem Reis vermischen. Die Sahne sehr steif schlagen und unter die Reismischung heben. Eine 1-Liter-Form mit kaltem Wasser ausspülen und die Reismischung einfüllen. Die Oberfläche glattstreichen, das Ganze mindestens 6 Stunden kalt stellen, dann auf eine Servierplatte stürzen. Die zurückbehaltenen Aprikosen halbieren und als Dekoration verwenden. Entweder zimmerwarm oder gekühlt servieren.

PFIRSICHE

PRUNUS PERSICA

Genug ist nicht genug! Es lacht im Laube!
Die saftge Pfirsche winkt dem durstgen Munde!
(Conrad Ferdinand Meyer, Fülle)

Es fällt mir schwer, mich für eine Lieblingsfrucht zu entscheiden, aber Pfirsiche gehören auf jeden Fall dazu. Ich freue mich jedes Jahr darauf, sie im Sommer auf dem Markt wiederzusehen. Pfirsiche sind sinnlich, frisch und sexy zugleich. Nicht umsonst vergleicht man den makellosen Teint einer jungen Frau mit dem samtigen Flaum und dem rosigen Hauch eines weißen Pfirsichs. Und die pralle, kurvige Form der Frucht wird gern mit einem üppigen Busen verglichen. Bei den Franzosen heißt eine Pfirsichsorte »Tétons de Venus«, Venusbrüste, und Renoir hat jungen Künstlern empfohlen, sich zunächst im Malen eines Pfirsichs zu üben, bevor sie sich an die Darstellung einer nackten Frau wagen. Der Biß in einen herrlich reifen Pfirsich, bei dem der Saft am Kinn hinabrinnt, ist eine Gaumenfreude, die ihresgleichen sucht.

Man hat immer geglaubt, Pfirsiche seien ursprünglich aus Persien gekommen, daher der lateinische Name »persische Pflaume«. Doch tatsächlich stammt die Frucht aus China, von wo aus sie zunächst nach Persien gelangte und später von Alexander dem Großen ins antike Griechenland und nach Rom gebracht wurde. Heutzutage werden etwa 80 Prozent der in Europa konsumierten Pfirsiche in Italien produziert. Mir wurde gesagt, es gebe Hunderte verschiedener Sorten, aber das bezieht sich mehr auf die unterschiedlichen Arten der Bäume als auf Unterschiede bei den Früchten.

Glücklicherweise ist es auch heute noch möglich, auf unseren lokalen Märkten geschmackvolle Pfirsiche zu finden. Allerdings benötigt man immer ein wenig Glück bei der Auswahl, denn die Qualität der Pfirsiche ist sehr unregelmäßig und variiert zum Teil sogar innerhalb einer Kiste. Da die Pfirsiche nach dem Pflücken nicht mehr nachreifen, sollten sie beim Einkauf noch etwas fest sein. Die Früchte werden dann nach ein bis zwei Tagen weich.

Die einfachste Art, einen Pfirsich zu genießen, besteht darin, die Frucht in Scheiben zu schneiden und dazu ein Glas Weißwein zu servieren. Die etwas anspruchsvollere Version dieser wohlschmeckenden Zusammenstellung ist der »Bellini«, die berühmte Kreation von Giuseppe Cipriani, dem Gründer von Harry's Bar in Venedig. Der »Bellini« besteht aus einem Teil weißen Pfirsichsaft und drei Teilen Prosecco. Ein etwas komplizierteres Pfirsichrezept ist das Dessert, das der französische Küchenchef Auguste Escoffier für die australische Sopranistin Nellie Melba kreiert hat: »Pêches Melba«. Der Clou bei dieser Nachspeise ist die geniale Kombination von Pfirsichen und Himbeeren.

Ein altes italienisches Sprichwort besagt: »Schäle eine Feige für einen Freund und einen Pfirsich für einen Feind.« Anscheinend wußten schon unsere Vorfahren, daß der größte Nährwert des Pfirsichs in seiner köstlichen Haut steckt.

PANNA COTTA MIT PFIRSICHEN

15 G GELATINEBLÄTTER
ODER -PULVER
480 ML SCHLAGSAHNE
120 G ZUCKER
2 PFIRSICHE, GEHÄUTET
UND ENTSTEINT

FÜR DIE DEKORATION
1 PFIRSICH,
IN SCHEIBEN GESCHNITTEN,
ODER
120 G HIMBEEREN

Die Gelatineblätter etwa 5 Minuten in kaltem Wasser einweichen, dann ausdrücken. Wenn Sie Gelatinepulver verwenden, lösen Sie dieses mit ein wenig Wasser nach Anleitung auf. Die Hälfte der Sahne mit dem Zucker in einem Topf erhitzen, den Topf von der Kochstelle nehmen und die Gelatine einrühren, bis sie sich aufgelöst hat. Die Pfirsiche in einem Mixer pürieren, die Sahne einrühren und abkühlen lassen. Den Rest der Sahne steif schlagen und unter das Pfirsichpüree heben. 6 Portionsförmchen oder eine 1-Liter-Form mit kaltem Wasser ausspülen und dann die Pfirsichmischung einfüllen. Die Mischung mindestens 2 Stunden im Kühlschrank fest werden lassen. (Eine große Form braucht mindestens 4 Stunden). Zum Servieren die Panna Cotta mit der Spitze eines Messers rundum vom Rand lösen, dann die Förmchen kopfüber auf einen Teller stellen und leicht schütteln. Mit den Pfirsichscheiben oder den Himbeeren dekorieren.

PFIRSICH-SCHOKOLADEN-TORTE

FÜR DEN TEIGMANTEL
120 G BUTTER
240 G MEHL
1 GROSSES EI
120 G ZUCKER
120 G KAKAOPULVER
2 EL PFIRSICHMARMELADE
2 PFIRSICHE

FÜR DIE SCHOKOLADENFÜLLUNG
90 G BITTERE SCHOKOLADE
60 G BUTTER
3 GROSSE EIGELB UND 2 EIWEISS
90 G ZUCKER

Den Ofen auf 175 °C vorheizen / Gas Stufe 4.

Die Butter, das Mehl, das Ei und den Kakao mit einer Küchenmaschine zu einem Teig verarbeiten. Diesen in eine Schüssel legen, mit Frischhaltefolie abdecken und mindestens 1 Stunde, aber nicht länger als 6 Stunden, in den Kühlschrank stellen. Jetzt die Füllung vorbereiten: Die Schokolade mit der Butter im Wasserbad oder über Dampf schmelzen, gut vermengen und abkühlen lassen. Das Eiweiß steif schlagen. Das Eigelb mit dem Zucker schlagen, bis es locker und cremig ist, dann vorsichtig in die Schokolade einrühren und schließlich das Eiweiß unterheben. Eine 28-cm-Springform einfetten und mit Mehl bestreuen. Den Teig ausrollen und die Backform damit auslegen. Die Pfirsichmarmelade auf dem Teigboden verteilen. Die Pfirsiche häuten und entsteinen, dann vierteln und auf die Marmelade setzen. Die Schokoladenfüllung darübergießen und 40 Minuten lang backen. Die Torte langsam in der Form abkühlen lassen, dann auf einer schönen Platte anrichten und warm oder kalt servieren.

NEKTARINEN

PRUNUS PERSICA

In meiner Hand, eine Nektarine und
Ein leuchtender Pfirsich sich fand ...
(Andrew Marvell, The Garden)

Die Nektarine gehört zur selben Spezies wie der Pfirsich, *Prunus persica.* Botaniker haben entdeckt, daß beide Früchte sich nur durch ein einziges Gen voneinander unterscheiden, welches dafür sorgt, daß die Pfirsichhaut samtig ist, während die Nektarine, der dieses Gen fehlt, eine glatte Haut hat. Doch die beiden Früchte sind so nah miteinander verwandt, daß an Pfirsichbäumen oft Nektarinen wachsen und Nektarinenbäume hin und wieder auch ein paar samtige »Mutanten« hervorbringen. In Italien heißen die Nektarinen *pesca noce,* Nußpfirsich, weil sie ohne die samtige Haut härter aussehen als Pfirsiche.

Nektarinen können genauso wie Pfirsiche verwendet werden. Die Nektarinen, die ich auf dem Markt bekomme, haben etwas festeres Fleisch und sind etwas reicher und herber im Geschmack als die meisten Pfirsiche. Nektarinen werden vor allem als Tafel- und Dessertfrucht geschätzt.

NEKTARINEN MIT HIMBEERSAUCE

6 NEKTARINEN, HALBIERT UND ENTSTEINT
SAFT VON EINER HALBEN ZITRONE
300 G FRISCHE HIMBEEREN
90 G ZUCKER
60 ML ROTWEIN

Die Nektarinen mit dem Zitronensaft beträufeln. Die Himbeeren mit dem Zucker und dem Wein in einen Topf geben und etwa 20 Minuten köcheln lassen, bis eine Art Sirup entstanden ist, der an einem Löffel haften bleibt. Die Masse durch ein Sieb streichen und die Kerne entfernen. Die Nektarinen mit der geschnittenen Seite nach oben auf einer Platte anrichten, die Himbeersauce darübergießen und das Ganze kalt stellen, bis es serviert wird. Es schmeckt aber auch warm ausgezeichnet.

NEKTARINENCHAMPAGNER

ERGIBT ETWA 1,5 LITER

2 NEKTARINEN, GEHÄUTET UND IN SCHEIBEN GESCHNITTEN
1 FLASCHE CHAMPAGNER ODER SEKT
240 ML WODKA
60 G ZUCKER

Die Nektarinen in einem Mixer pürieren. Das Nektarinenpüree, den Champagner und den Wodka in eine Karaffe gießen. Den Zucker einrühren, einige Eiswürfel dazugeben und alles gut vermischen. Sofort servieren.

NEKTARINENBAISER

6 NEKTARINEN, GEHÄUTET, HALBIERT UND ENTSTEINT
1 HANDVOLL FRISCHE MINZEBLÄTTER
90 G GEHACKTE HASELNÜSSE
60 ML TROCKENER WEISSWEIN
3 EIWEISS, ZIMMERWARM
180 G ZUCKER

Den Ofen auf 175 °C vorheizen / Gas Stufe 4.

Die Nektarinen in eine feuerfeste Form legen, die Minzeblätter und die Haselnüsse darüberstreuen und mit dem Wein begießen. 10 Minuten im Ofen backen. Herausnehmen und abkühlen lassen. Die Backtemperatur auf 200 °C erhöhen.

Unterdessen das Eiweiß sehr steif schlagen, den Zucker nach und nach hinzufügen und weiterschlagen, bis die Masse wieder steif ist. Das Baiser mit einem Löffel auf die Nektarinen verteilen und ganz damit bedecken, dann 20 Minuten backen, bis die Oberfläche goldgelb wird. Sofort servieren, solange es noch warm ist.

KIRSCHEN

PRUNUS AVIUM / PRUNUS CERASU

Kirschen sind wie Küsse,
man kann nicht genug davon kriegen.
(Italienisches Sprichwort)

Der erste Frühlingsbote in Italien ist der Mandelbaum mit seinen traumhaft schönen Blüten, die in Sizilien bereits Anfang Februar in voller Pracht stehen. Nach einer schier endlosen Pause folgen die zarten Aprikosenblüten. Wenn dann die Kirschblüte beginnt, scheint der Frühling tatsächlich bleiben zu wollen.

Der Kirschbaum ist ein ausgesprochen generöses Gewächs: Zuerst bezaubert er uns mit seiner groß angelegten Schau üppiger Blüten, und dann hängen seine Zweige übervoll mit glänzend roten Fruchtbüscheln. Einige Sorten bringen mehr als hundert Pfund Kirschen hervor. Die Gegend um Vignola bei Modena in der Emilia Romagna ist das Hauptanbaugebiet für Kirschen in Italien. Die Vignola-Kirsche ist tiefrot und herrlich süß.

Es gibt zwei verschiedene Kirscharten, die Süßkirsche, *prunus avium*, und die Sauerkirsche, *prunus cerasus.* Die Bandbreite der unterschiedlichen Geschmacksrichtungen ist bei beiden Kirscharten ähnlich groß wie bei roten Weintrauben. Die nordamerikanischen Kirschenzüchter bevorzugen die Bing-Kirsche, wahrscheinlich weil sie groß und von mittlerer Süße ist, hingegen mögen wir Italiener unsere süße, geschmacksintensivere Vignola lieber. Die beliebtesten Sauerkirschen in Italien sind die Amarena und die Morello. Die Morello hat rotes Fleisch und köstlichen roten Saft. Manchmal wird sie auch Marasca genannt, dann ist sie in Alkohol getränkt und gesüßt, um Maraschinolikör daraus zu machen. Reife Kirschen werden leider nur allzu schnell auch überreif. Sie dürfen nicht länger als eine Woche am Baum bleiben, sonst sind sie entweder verdorben, oder die Vögel haben sie vorher weggeholt. Nicht umsonst bedeutet der lateinische Name für die Süßkirsche »Vogelkirsche«, und die meisten Kirschenzüchter bedecken ihre Bäume deshalb mit Netzen. Wenn Sie nicht so klein und gelenkig wie meine Enkelkinder sind, die liebend gern in den Zweigen unseres Kirschbaumes herumklettern, um die Früchte direkt vom Baum zu essen und sich dann gegenseitig mit den Kernen zu bespucken, gibt es nur eine Möglichkeit herauszufinden, ob eine Kirsche richtig reif ist und ob es sich um eine Süß- oder Sauerkirsche handelt: Sie müssen sie am Marktstand probieren. (Jeder anständige Verkäufer wird Ihnen ein paar Kirschen zum Probieren geben.) Die Farbe ist nämlich als Anhaltspunkt wenig hilfreich, da beide Arten in allen Rottönen vorkommen.

Generell kann man sagen, daß Süßkirschen sich besser zum direkten Verzehr eignen, während Sauerkirschen eher in der Küche verwendet werden, da ihr markanter Geschmack und ihr festeres Fleisch das Kochen besser vertragen. Sie lassen sich gut einmachen und geben köstliche Saucen für Fleisch ab, besonders für Geflügel. Meine Enkelkinder tauchen die Süßkirschen gern in Schokolade ein – eine wunderbare kulinarische Kombination.

GERSTENSUPPE MIT KIRSCHEN

300 G PERLGRAUPEN
2 LORBEERBLÄTTER
1,5 LITER KLARE FLEISCHBRÜHE
500 ML MILCH
SALZ
500 G KIRSCHEN, ENTSTEINT
90 ML JOGHURT

Die Gerste in eine Schüssel geben und mit Wasser bedecken. Etwa 12 Stunden stehenlassen, dann abtropfen lassen und zusammen mit den Lorbeerblättern, der Fleischbrühe, der Milch und einer Prise Salz in einen tiefen Topf geben. Das Ganze zum Kochen bringen, dann die Hitze reduzieren und etwa eine Stunde zugedeckt kochen lassen. Unterdessen die Kirschen mit etwa 6 EL Wasser ungefähr 10 Minuten zugedeckt köcheln lassen. Zum Servieren die Suppe in 6 tiefe Schüsseln geben, dabei die Lorbeerblätter herausnehmen. Die Kirschen auf die Schüsseln verteilen und zum krönenden Abschluß auf jede Schüssel einen Löffel Joghurt setzen. Sofort servieren. Gerstengraupen gibt es in Reformhäusern zu kaufen.

TÄUBCHEN MIT KIRSCHEN

6 TÄUBCHEN, KÜCHENFERTIG
6 LORBEERBLÄTTER
2 EL NATIVES OLIVENÖL EXTRA
60 G BUTTER
60 ML TROCKENER WEISSWEIN
6 SCHEIBEN ROGGENBROT
300 G KIRSCHEN, ENTSTEINT
SALZ UND PFEFFER

Den Ofen auf 180 °C vorheizen / Gas Stufe 5.

In jedes Täubchen ein Lorbeerblatt stecken, die Beine mit einer Schnur festbinden und mit Salz und Pfeffer würzen. Die Täubchen mit dem Öl und der Hälfte der Butter in eine Backform legen. 40 Minuten braten, dann umdrehen, den Wein zugießen und weitere 20 Minuten braten. Die Brotscheiben mit der restlichen Butter bestreichen, etwa 5 Minuten goldgelb rösten und dann warm halten. Unterdessen die Kirschen in etwas Wasser 10 Minuten köcheln, dann abtropfen lassen und die übrige Flüssigkeit in die Backform mit den Täubchen geben.

Die gerösteten Brote auf einem Servierteller anrichten, die Täubchen darauflegen und die Kirschen darüber verteilen. Den Bratensaft gut umrühren, würzen und über die Täubchen gießen.

ENTENBRUST MIT KIRSCHSAUCE

300 G KIRSCHEN, ENTSTEINT
120 ML ROTWEIN
30 G BUTTER
2 EL NATIVES OLIVENÖL EXTRA
6 ENTENBRÜSTE
SALZ
3 EL WODKA

Die Kirschen mit dem Rotwein in einen Topf geben und zugedeckt etwa 20 Minuten köcheln lassen. In einem Mixer pürieren und wieder in den Topf zurückschütten. Weiterköcheln lassen, bis die Mischung dickflüssig wird. Unterdessen die Butter und das Öl in einer Bratpfanne erhitzen und die 6 Entenbrüste bei großer Hitze 3 Minuten von jeder Seite anbraten. Salzen, mit dem Wodka begießen und weiterbraten, bis der Wodka verdampft ist.

Das Fleisch auf einer Servierplatte anrichten, mit der Kirschsauce bedecken und sofort servieren.

HOLZÄPFEL

MALUS SYLVESTRIS

Als ich vor Jahren in einer englischen Publikation las, daß Holzäpfel zum Essen zu sauer seien, war ich ausgesprochen überrascht: Mein Leben lang hatte ich auf herbstlichen Spaziergängen durch die Toskana mit größtem Vergnügen in eben diese Äpfel hineingebissen.

Die Italiener bezeichnen Holzäpfel einfach als wilde Äpfel, *mela selvatica*. Das englische Wort »crabapple« (A.d.Ü.: auf deutsch etwa »Griesgramapfel«) klingt da eher abfällig. Das Wort »crab« kommt aus dem Skandinavischen und bedeutet sauer, aber auf unangenehme, beißende Art, eben wie eine griesgrämige Person. Doch die wilden Äpfel, die ich probiert habe, schmeckten in keinster Weise unangenehm.

Der Holzapfel ist kleiner als ein gewöhnlicher Apfel und von leuchtender Farbe, gelb und grün mit einem rötlichen Glanz. Kommerziell verwertet wird er nur für Holzapfelgelee. Doch wenn Sie nicht nur süße Früchte lieben, können Sie Holzäpfel für viele Rezepte verwenden, die Sie normalerweise mit Kulturäpfeln zubereiten.

HOLZAPFEL-WEINSAUCE

ERGIBT ETWA 500 ML

6 HOLZÄPFEL, GESCHÄLT,
VOM KERNGEHÄUSE BEFREIT
UND IN SCHEIBEN GESCHNITTEN
1 FLASCHE GUTER ROTWEIN
120 G ZUCKER
1 ZIMTSTANGE

Die Holzäpfel mit dem Wein, dem Zucker und der Zimtstange in einen Topf geben. Zum Kochen bringen, die Hitze reduzieren und köcheln lassen, bis das Ganze zu Sirup geworden ist – wenn die Flüssigkeit an einem Löffel haftet oder ein Tropfen auf einem Teller ganz rund bleibt. Die Zimtstange entfernen, den Rest in einem Mixer pürieren und dann die Sauce in eine Schüssel gießen. Zu gekochtem Schinken, gerösteter Leber oder gebratenem Schweinefleisch servieren. Auch zu Vanilleeis paßt diese Sauce ausgezeichnet.

HOLZAPFELSUPPE

1 ZWIEBEL, ABGEZOGEN
UND GEWÜRFELT
1 SELLERIESTANGE, GEWÜRFELT
60 G BUTTER
30 G MEHL
2 EL CURRY
6 HOLZÄPFEL, GESCHÄLT,
VOM KERNGEHÄUSE BEFREIT
UND IN SCHEIBEN GESCHNITTEN
150 G REIS
1,5 LITER KLARE FLEISCHBRÜHE
1 HÄHNCHENBRUST, OHNE HAUT
240 ML SCHLAGSAHNE
SALZ

Die Zwiebel und den Sellerie mit der Butter in einen Topf geben und bei geringer Hitze etwa 3 Minuten dünsten, bis die Zwiebel glasig wird. Das Mehl hinzufügen und 1 Minute rühren. Den Curry, die Holzäpfel, den Reis, die Brühe und die Hähnchenbrust dazugeben und zum Kochen bringen. Zugedeckt etwa 30 Minuten köcheln lassen. Die Hähnchenbrust herausnehmen, in Würfel schneiden und beiseite legen. Den Rest der Suppe in einem Mixer pürieren, in den Topf zurückgießen, erneut zum Kochen bringen und dann die Hitze reduzieren. Die Sahne dazugießen, das zerkleinerte Hühnerfleisch hinzufügen und nochmals 5 Minuten kochen. Die Suppe in eine Terrine füllen und heiß servieren.

FLEISCHROLLE MIT HOLZÄPFELN

900 G HACKFLEISCH VOM KALB
90 G FEINES PANIERMEHL
2 EL GLATTE PETERSILIE,
FEIN GEHACKT
1 EL FRISCH GEMAHLENER PFEFFER
2 GROSSE EIER
SALZ
6 DÜNNE SCHEIBEN SPECK
MEHL ZUM BESTÄUBEN
60 G BUTTER
2 EL NATIVES OLIVENÖL EXTRA
120 ML TROCKENER WEISSWEIN
6 HOLZÄPFEL
3 EL WASSER
6 EL PREISELBEERSAUCE

Den Ofen auf 175 °C vorheizen / Gas Stufe 4.

Hackfleisch, Paniermehl, Petersilie, Pfeffer und Eier in einer Schüssel vermengen und mit Salz würzen. Das Hackfleisch zu einem Rechteck formen und mit den Speckscheiben belegen. Den Speck in das Fleisch einrollen und eine etwa 5 cm dicke Wurst formen. Die Rolle mit Mehl bestäuben und mit 1 Eßlöffel Butter und dem ganzen Öl in eine Backform geben. Etwa 40 Minuten braten. Die Rolle vorsichtig wenden, den Wein zugießen und weitere 20 Minuten braten.

Unterdessen die Holzäpfel schälen, halbieren, vom Kerngehäuse befreien und mit dem Wasser in einen Topf geben, um sie zugedeckt bei geringer Hitze etwa 10 Minuten weich zu dünsten. Abtropfen lassen und die Aushöhlungen mit der Preiselbeersauce füllen. Die Fleischrolle in Scheiben schneiden, auf eine Servierplatte legen, mit den Holzäpfeln garnieren und sofort servieren.

PFLAUMEN

PRUNUS DOMESTICA, SALICINA, AMERICANA

Im Spätsommer gibt es auf dem Markt keinen prachtvolleren Anblick als einen Korb voll mit bläulich-schwarz glänzenden Pflaumen *(prunus domestica)*. Ihr dickes, süßes, gelbgrünes Fruchtfleisch läßt sich leicht vom Kern lösen und ist deshalb auch hervorragend zum Trocknen geeignet.

Es gibt über zweitausend Pflaumensorten, die sich in Form, Farbe, Festigkeit und Geschmack voneinander unterscheiden, allerdings werden viele dieser Sorten ausschließlich zur Konservenherstellung oder zum Trocknen angebaut. Bei den professionellen Pflaumenzüchtern sind die robustere japanische Pflaume *(prunus salicina)*, die ursprünglich aus China stammt, sowie einige in Amerika heimische Sorten *(prunus americana)* am beliebtesten. Zu den Pflaumensorten, die als erste reif werden, gehört die japanische Burbank, die im 19. Jahrhundert von Luther Burbank nach Amerika eingeführt wurde: eine große, purpurrote Frucht mit goldenem Fleisch. Die Satsuma oder Blutpflaume, eine andere weitverbreitete japanische Sorte, ist dunkelrot und hat saftiges, süßes, rotes Fruchtfleisch. Eine amerikanische Sorte nennt sich Beach Plum (»Strandpflaume«) oder in Italien Maritimpflaume, weil sie auf sandigem Boden gedeiht und in der Nähe von Stränden wächst. Eine weitere Sorte ist die gelbe Klamath oder Sierrapflaume, die etwas robuster ist und das kühle Klima höhergelegener Landstriche bevorzugt. Beide sind von der Tendenz her eher sauer und eignen sich sehr gut zum Einmachen.

Als Eßpflaume ist mir persönlich die Reineclaude am liebsten, eine europäische Sorte, die schon im antiken Rom bekannt war; sie wurde während der Renaissancezeit in Frankreich sehr populär und erhielt ihren Namen nach der Königin Claude, der Gemahlin von François I. Die Reineclauden (Renekloden) sind ziemlich kleine, gelbgrüne Früchte mit süßem, saftigem, goldenem Fleisch und Honigaroma, wenn sie voll ausgereift sind. Frisch gegessen schmecken sie phantastisch, aber sie lassen sich auch wunderbar zu Marmeladen und Saucen verarbeiten.

Eine sehr geschmacksintensive Pflaume, die sich ebenfalls bestens zum Kochen eignet, ist die Damaszenerpflaume, deren Name sich von der antiken Stadt Damaskus in Syrien herleitet, wo sie einst wild wuchs. Sie ist klein, hat eine blaue Schale und festes Fleisch, das beim Kochen nicht matschig wird. Ihr starker, fast würziger Geschmack intensiviert das Aroma von Fleischgerichten.

PFLAUMENCHARLOTTE

180 G ZUCKER
300 ML WASSER
SAFT VON 1 ZITRONE
600 G PFLAUMEN
15 G GELATINEBLÄTTER
ODER -PULVER
4 EIGELB
480 ML SCHLAGSAHNE
ETWA 36 LÖFFELBISKUITS

Die Hälfte des Zuckers mit dem Wasser und dem Zitronensaft in einen Topf geben. Zum Kochen bringen, die Pflaumen hinzufügen und etwa 10 Minuten köcheln lassen. Abtropfen und den Saft aufbewahren. Die Gelatineblätter etwa 10 Minuten in kaltem Wasser einweichen, dann ausdrücken. Die Hälfte des Pflaumensaftes bei geringer Hitze nochmals erhitzen, die Gelatine hinzufügen und rühren, bis sie sich aufgelöst hat. Das Eigelb mit dem restlichen Zucker schlagen, dann die Hälfte der Sahne und die ganze Gelatinemischung einrühren. Im Wasserbad oder über Dampf bei mittlerer Hitze unter ständigem Rühren erhitzen, ohne zu kochen, bis die Masse an einem Löffel haften bleibt. Komplett abkühlen lassen. Die restliche Sahne steif schlagen und unter die Crememischung heben. Die Löffelbiskuits in den restlichen Pflaumensaft eintauchen und eine 1,5-Liter-Charlottenform damit auslegen. Die Pflaumen in die Form füllen, die Crememischung darübergießen, die Oberfläche glattstreichen und mindestens 4 Stunden in den Kühlschrank stellen. Zum Servieren die Charlotte auf einen Teller stürzen. Warm oder gekühlt servieren.

PFLAUMEN-KARAMEL-SAUCE

ERGIBT ETWA 300 G

600 G PFLAUMEN, BLANCHIERT,
ABGEZOGEN, HALBIERT UND ENTSTEINT
120 G ZUCKER
2 EL KIRSCHWASSER

Die Pflaumen in einen Topf geben und zugedeckt bei geringer Hitze etwa 10 Minuten dünsten, dann im Mixer pürieren. Den Zucker in einem kleinen Topf erhitzen, bis er karamelisiert und braun geworden ist, dabei gelegentlich umrühren. Den Topf von der Kochstelle nehmen und vorsichtig das Kirschwasser einrühren. Den Topf wieder auf die Platte stellen und das Pflaumenpüree einrühren, bis alles gut vermischt ist. Wenn die Sauce zu dick erscheint – je nach Beschaffenheit der Pflaumen –, ein wenig Wasser oder ein paar Eßlöffel Milch hinzufügen. Die Sauce paßt hervorragend zu Vanilleeis oder zu gebratenem Schweinefleisch oder Ente.

PFLAUMENSAUCE MIT CURRY

ERGIBT ETWA 300 G

600 G PFLAUMEN, BLANCHIERT, ABGEZOGEN, HALBIERT UND ENTSTEINT
1 APFEL, GESCHÄLT, VOM KERNGEHÄUSE BEFREIT UND GEVIERTELT
1 KLEINE ZWIEBEL, ABGEZOGEN UND GEWÜRFELT
SALZ, 1 EL CURRY
60 G BUTTER

Die Pflaumen, den Apfel und die Zwiebel in einen Topf geben und bei geringer Hitze etwa 10 Minuten weich kochen. Etwas Salz und den Curry hinzufügen, gut vermischen und dann in einem Mixer pürieren. Die Mischung zurück in den Topf gießen und nochmals zusammen mit der Butter einige Minuten erhitzen. Die Sauce in eine Schüssel gießen und servieren. Schmeckt hervorragend zu gebratenem Schweinefleisch, Ente oder gekochtem Schinken.

QUITTEN

PYRUS CYDONIA

Lausche dem Gang der Welt,
Wenn samumheiß
Unreife Quitte fällt
Zu Boden leis.
(Karl Krolow, Kirschenzeit)

Als mir ein Freund einmal ein paar Quitten von seinem Baum schenkte, legte ich sie auf den Rücksitz meines Autos, wo ich sie dann aus Versehen vergaß. Wenige Tage später war das ganze Auto erfüllt von köstlich zartem Blumenduft. Und was mich besonders angenehm überraschte: Der Duft hielt sich noch wochenlang, auch als ich die Früchte selbst schon längst entfernt hatte. Ich hätte daran denken sollen, daß man Quitten bis vor gar nicht so langer Zeit in Schränke und Truhen legte, um die Wäsche zu parfümieren.

Die Quitte wird schon seit Jahrtausenden angebaut. Ursprünglich kam sie aus Persien und wurde von Griechen und Römern sehr geschätzt. Literaturwissenschaftler sehen in ihr den »goldenen Apfel« der Mythologie oder auch den »Liebesapfel«, die Frucht der Aphrodite. In Rezepten aus dem Mittelalter und aus der Zeit der Renaissance wird die Quitte häufig als Bestandteil von gekochten Gerichten erwähnt. Diese alte Tradition lebt in der Gegend von Venedig fort, wo man aus Quitten, gewürzt mit Kräutern und scharfem Senf, die *mostarda veneta* herstellt: eine appetitanregende Kombination aus süß und scharf, die zu gekochtem Fleisch serviert wird. Heutzutage findet man die Quitte nur noch selten auf italienischen Märkten, vielleicht weil man sie kochen muß, bevor man sie genießen kann. Direkt vom Baum sind Quitten nämlich nahezu steinhart. Gekocht oder gebacken entwickeln sie jedoch eine vollendete Zartheit.

In Italien finden Sie Quitten am ehesten in konservierter Form, als *cotognata*, Quittenkäse oder Quittenbutter. Dabei handelt es sich um eine Spezialität aus den südlichen Regionen der Halbinsel, vor allem aus Apulien. Für dieses Rezept werden pürierte Quitten mit Zucker sehr langsam zu einem dicklichen Mus reduziert, das dann in flache Formen gefüllt wird, um in der Sonne zu trocknen. Dabei nimmt es eine wunderbare tiefrosa Färbung an und wird so fest, daß man es in Quadrate schneiden und als Konfekt aufbewahren kann. Wenn man es in Geschäften kauft, ist es meistens in kleine Holzkisten verpackt.

QUITTENGELEESCHNITTEN, ITALIENISCHE ART

ERGIBT ETWA 36 STÜCK

2 KG QUITTEN,
GEWASCHEN UND GEVIERTELT
60 ML WASSER
ETWA 480 G ZUCKER
EINIGE TROPFEN MANDELÖL

Die Quitten mit dem Wasser in einen großen Topf geben und zugedeckt bei geringer Hitze etwa 45 Minuten weich kochen, dabei gelegentlich mit einem Holzlöffel umrühren. Dann durch ein Sieb streichen und die Kerne und die Häute entfernen. Das Quittenmus wiegen und mit der gleichen Menge Zucker in den Topf zurückschütten. Im offenen Topf bei geringer Hitze unter gelegentlichem Umrühren etwa 40 Minuten kochen, bis die Masse dick wird. Eine Backform mit dem Öl auspinseln und die Quittenmischung etwa 2,5 cm hoch einfüllen. Die Oberfläche mit einem Messerrücken glattstreichen. Kalt werden lassen. Mit einem Tuch abdecken und etwa 2 Wochen – eventuell in der Sonne – stehenlassen, damit die Masse ganz hart wird. In Rechtecke (5 × 2,5 cm) schneiden und in einem luftdichten Behälter aufbewahren. Die Geleestückchen halten sich mindestens 3 Monate. Nach Belieben mit Zucker bestreuen.

LAMMBRATEN MIT QUITTEN

1 LAMMKEULE, ETWA 2 KG
2 KNOBLAUCHZEHEN, ABGEZOGEN
UND IN STÜCKE GESCHNITTEN
2 ZWEIGE THYMIAN
SALZ UND PFEFFER
120 G BUTTER
2 EL NATIVES OLIVENÖL EXTRA
4 QUITTEN
SAFT VON EINER ZITRONE
1 EL ZUCKER

Den Ofen auf 200 °C vorheizen / Gas Stufe 6.

Die Haut der Lammkeule mit einem spitzen Messer vorsichtig einritzen und die Knoblauchstückchen sowie die Thymianblätter hineinstecken. Das Fleisch mit Salz und Pfeffer einreiben. Die Hälfte der Butter und das ganze Öl in einen Bräter geben, die Lammkeule hineinlegen und etwa 45 Minuten braten. Das Fleisch sollte innen noch rosa sein. Unterdessen die Quitten schälen, vom Kerngehäuse befreien und würfeln. Die Quitten mit der restlichen Butter bei niedriger Hitze einige Minuten in einer Pfanne braten, dann den Zitronensaft sowie einen Eßlöffel Wasser hinzufügen und etwa 20 Minuten weich kochen, dabei gelegentlich umrühren. Den Zucker einrühren. Zum Servieren das Lammfleisch tranchieren, die Scheiben auf eine Platte legen und mit den Quittenwürfeln samt Saft garnieren.

GEBACKENE QUITTEN

6 Quitten
90 g Amaretti (Mandelkekse)
90 g Rosinen
90 g gehackte Walnüsse
1 Orange,
geriebene Schale und Saft
120 g Zucker
6 EL Grand Marnier
120 ml Wasser
30 g Butter

Den Ofen auf 175 °C vorheizen / Gas Stufe 4.

Im Inneren der geschälten, ausgestochenen und entkernten Quitten mit einem Löffel den Hohlraum auf etwa 5 cm Durchmesser erweitern. Die zerkrümelten Amaretti, die Rosinen, die Walnüsse, die Orangenschale und den Orangensaft mit der Hälfte des Zuckers und dem Grand Manier vermischen und in die Aushöhlungen der Quitten einfüllen. Die Quitten in eine tiefe Auflaufform setzen, das Wasser hinzugießen, die Quitten mit dem restlichen Zucker bestreuen, mit Butterstückchen besetzen und mit Folie abdecken. Etwa 1 Stunde backen, bis die Quitten weich sind, dabei hin und wieder mit der eigenen Flüssigkeit begießen. Warm mit Crème double servieren.

MISPELN

ERIOBOTRYA JAPONICA

Es gibt zwei sehr unterschiedliche Mispelarten. Die eine Sorte ist die gemeine Mispel mit dem botanischen Namen *Mespilus germanica,* die in Italien *nespola commune* heißt und europäischen Ursprungs ist. Ich muß zugeben, daß ich weder den Baum noch die Früchte je gesehen habe. Sie sollen ungefähr so groß wie kleine Aprikosen sein und von rötlich-brauner Farbe, zudem recht eigenwillig geformt mit einer merkwürdig geöffneten Spitze. Früher wurden die Mispeln aufgrund ihrer medizinischen Eigenschaften geschätzt, doch die Kochbuchautorinnen und -autoren unserer Tage, die diese Frucht kennen, raten von ihrer Verwendung in der Küche ausdrücklich ab, denn in reifem Zustand ist die Frucht anscheinend so hart, daß sie erst gegessen werden kann, wenn sie bereits verfault ist. Wenn Sie also auch noch nie eine solche Mispel gegessen haben, haben wir anscheinend nicht viel verpaßt.

Die andere Sorte jedoch, japanische Mispel *(Eriobotrya japonica)* oder auch Loquat genannt, bringt hübsche, kleine, aprikosenfarbige Früchte hervor. Der Loquatbaum ist ein ansehnliches immergrünes Gewächs, das in den meisten gemäßigten Klimazonen wild wächst und angenehmen Schatten spendet. Am Stadtrand von Neapel kann man sie gedeihen sehen, und in der Toskana werden sie oft als Ziergewächs in den Garten gepflanzt. Besucher aus Ländern, die dieser bescheidenen Frucht keinerlei Wert beimessen, sind immer sehr erstaunt, wenn sie sehen, daß Mispeln auf unseren Märkten zum Verkauf angeboten werden.

Die Loquatfrucht hat weißes oder gelbes Fleisch und ein an Orangen oder Birnen erinnerndes Aroma. Vom Geschmack her ist sie süßsauer, wobei sie um so süßer ist, je weiter südlich sie gereift ist. Im Inneren hat sie fünf große Kerne, die nicht sehr viel Platz für das Fruchtfleisch lassen.

MISPELN MIT GEBRATENER HÄHNCHENLEBER

30 G BUTTER
2 EL NATIVES OLIVENÖL EXTRA
600 G HÄHNCHENLEBER
SALZ UND PFEFFER
2 EL WEISSWEINESSIG
480 G MISPELN, ABGEZOGEN,
HALBIERT UND ENTKERNT

Die Butter und das Öl in einer Pfanne erhitzen und die Hähnchenleber einige Minuten lang bei starker Hitze unter gelegentlichem Wenden darin braten – wenn die Hitze zu niedrig ist, wird die Leber trocken und zäh. Das Ganze würzen, den Essig hinzufügen und weiterbraten, bis der Essig verdampft ist. Die Mispeln dazugeben und zugedeckt einige Minuten mitgaren, dabei die Pfanne schütteln. Sofort servieren. Der etwas herbe Geschmack der Mispeln paßt wunderbar zu der Hähnchenleber.

MISPELEIS

600 G MISPELN, ABGEZOGEN
UND ENTKERNT
4 GROSSE EIGELB
120 G ZUCKER
480 ML MILCH
4 EL HONIG
240 ML SCHLAGSAHNE

Die Mispeln im Mixer pürieren. Das Eigelb mit dem Zucker schaumig schlagen, dann nach und nach die Milch hinzufügen. Im Wasserbad oder über Dampf bei mittlerer Hitze ständig rühren, bis die Masse anfängt dick zu werden. Nicht kochen lassen. Von der Kochstelle nehmen, das Mispelpüree und den Honig einrühren und abkühlen lassen. Die Sahne steif schlagen und unter die Mispelmischung heben. Das Ganze in eine Eismaschine gießen und nach Gebrauchsanleitung gefrieren. Wenn Sie keine Maschine haben, die Masse in eine geeignete Schüssel gießen und mindestens 4 Stunden in den Gefrierschrank stellen. Nach den ersten 30 Minuten die Schüssel herausnehmen und die Masse durchschlagen, um die sich bildenden Eiskristalle zu zerstören, dann in den Gefrierschrank zurückstellen. Den Vorgang noch zwei Mal in halbstündlichen Intervallen wiederholen, dann im Gefrierschrank fest werden lassen.

Mispeleis schmeckt herrlich zu in etwas Weißwein gedünsteten Birnen.

MISPELFRUCHTSALAT MIT ZITRONE UND MINZE

600 G MISPELN, GEWASCHEN,
HALBIERT UND ENTKERNT
SAFT UND SCHALE VON
1 UNGESPRITZEN ZITRONE
3 EL ZUCKER
1 HANDVOLL FRISCHE MINZEBLÄTTER

Die Mispeln in eine Schüssel geben, mit dem Zitronensaft beträufeln und mit der Zitronenschale sowie dem Zucker bestreuen. Vorsichtig umrühren, mit den Minzeblättern bedecken und servieren.

Man kann die Mispeln auch abziehen, was aber nicht notwendig ist, da die Schale nicht hart ist.

BEEREN

ERDBEEREN

FRAGARIA

Wenn sie in silberner Schale mit Wein uns würzet die Erdbeern,
Dicht mit Zucker noch erst streuet die Kinder des Waldes.
(Eduard Mörike, Versuchung)

An einem Wintermorgen Ende Januar fuhr ich auf der verschneiten Straße von unserem Wohnort Coltibuono, in der Toskana, den Hügel hinab in die kleine Stadt Gaiole, um dort einzukaufen. Beim Obst- und Gemüsehändler, auf dessen Türschwelle noch der Schnee lag, sah ich mehrere Schalen mit großen Erdbeeren, die wie perfekt erhaltene Fossilien vom letzten Sommer aussahen. Sie kamen aus Israel, und mir wurde versichert, daß sie sehr gut schmecken würden. Aber ich verspürte kein Verlangen danach, denn in ein paar Monaten würden meine Juni-Erdbeeren mir meine eigenen, aromatischen Früchte liefern. – Alles zu seiner Zeit.

Die Erdbeere gehört zur Familie der Rosengewächse und wird in Südeuropa schon seit vielen Jahrhunderten kultiviert. Die alten Griechen und Römer waren begeisterte Erdbeeresser, und im Mittelalter und in der Renaissance wurden sie wegen ihrer therapeutischen Eigenschaften hoch geschätzt. Castelvetro empfahl im 17. Jahrhundert ein Gemisch aus den Wurzeln und Blättern der Erdbeere als Mundspülung, um »das Zahnfleisch zu härten, die Zähne zu stärken und Schnupfen zu lösen«.

Damals wie heute wurden zwei Arten der »wilden« Erdbeere angepflanzt, die Walderdbeere *(Fragaria vesca)* und die Berg- oder Alpenerdbeere *(Fragaria montana)*. Letztere sind klein und aromatisch und entwickeln einen großartigen vollen Beerengeschmack. Am Anfang der Saison sind sie noch etwas sauer, dafür im Sommer aber um so süßer.

Die größere Gartenerdbeere unserer Tage kam ursprünglich im 18. Jahrhundert aus Nordamerika. Dabei handelt es sich um eine Kreuzung aus zwei in Amerika heimischen Spezies, der Virginia- oder Scharlacherdbeere und der Chile- oder Stranderdbeere. Eine weitverbreitete Sorte wird aufgrund ihres typischen Dufts und Aromas Ananas-Erdbeere genannt. Und genau wie die Ananas ist auch die Erdbeere – botanisch gesehen – eine »Sammelfrucht«, denn jeder schwarze Punkt der Beere ist eine Frucht für sich.

Aus dem Stegreif fällt mir keine Fruchtpflanze ein, die leichter im eigenen Garten anzupflanzen und zu genießen wäre als die Erdbeere. Sie hat hübsche grüne Blätter und reizvolle weiße Blüten und bereitet uns darüber hinaus noch das immense Vergnügen, sonnengereifte Früchte direkt vor der Haustür pflücken und essen zu können.

Wenn ich Erdbeeren kaufe, lasse ich mich von meiner Nase leiten. Der Duft ist hier ein besseres Indiz für die Qualität der Früchte als die Farbe. Ich tendiere eher zu den kleineren Früchten, weil die großen Exemplare oft ohne Geschmack sind. Wenn Sie Erdbeeren säubern wollen, nehmen Sie am besten kein Wasser, sondern ein feuchtes Tuch, mit dem sie die Früchte dann nur abwischen.

ERDBEER-TIRAMISU

300 G MASCARPONE
180 G LÖFFELBISKUITS
240 ML SÜSSER WEISSWEIN,
Z.B. VIN SANTO ODER SAUTERNES
240 ML SCHLAGSAHNE
300 G ERDBEEREN, VORZUGSWEISE
WALDERDBEEREN, GEPUTZT

Den Mascarpone zur Hälfte auf dem Boden einer Servierschüssel verteilen. Die Löffelbiskuits auf einen Teller legen und mit dem Wein tränken. Die Biskuits auf den Mascarpone legen und mit der Hälfte der Erdbeeren bedecken. Den restlichen Mascarpone darüber verteilen und mit einem Messer glattstreichen. Die Schlagsahne gut steif schlagen, in einen Spritzbeutel mit Sterntülle geben und über den Mascarpone spritzen. Mindestens 2 Stunden kühlen. Kurz vor dem Servieren die übrigen Erdbeeren darauf verteilen. Wenn Sie lieber Einzelportionen zubereiten möchten, können Sie auch Biskuit-Tortenböden verwenden: 6 Biskuitkreise ausschneiden, mit dem Wein tränken und das Tiramisu wie oben beschrieben zubereiten, dabei die Zutaten anteilig verwenden.

ERDBEER-RICOTTA-ROLLE

210 G ERDBEEREN, GEPUTZT
480 ML TROCKENER WEISSWEIN
300 G RICOTTA
2 GROSSE EIGELB
90 G ZUCKER
300 G BLÄTTERTEIG

Den Ofen auf 175 °C vorheizen / Gas Stufe 4.

Die Erdbeeren senkrecht halbieren und in eine Schüssel geben. Mit dem Wein bedecken und 2 Stunden stehenlassen, dann abtropfen. Den Ricotta mit dem Eigelb und dem Zucker cremig schlagen, bis alles gut vermischt ist. Den Blätterteig zu einem Rechteck (30 × 20 cm) ausrollen. Die Ricottamischung darauf verteilen und mit den Erdbeeren belegen. Den Blätterteig wie eine Biskuitrolle zylindrisch aufrollen, auf ein gebuttertes Backblech legen und 40 Minuten backen, bis die Oberfläche goldgelb und knusprig ist. Warm oder kalt servieren.

KARAMELISIERTE ERDBEEREN MIT ZITRONENCREME

FÜR DIE ZITRONENCREME
480 ML MILCH
120 G ZUCKER
30 G MEHL
6 EIGELB
GERIEBENE SCHALE VON
2 UNGESPRITZTEN ZITRONEN

FÜR DIE ERDBEEREN
300 G GROSSE, FRISCHE ERDBEEREN
210 G ZUCKER
2 EL WASSER
1 EL MANDELÖL

Zuerst die Zitronencreme bereiten: Die Milch abkochen. Den Zucker und das Mehl in einer Schüssel gut vermischen und mit einem Holzlöffel das Eigelb darunterschlagen. Jetzt nach und nach die Milch und dann die Zitronenschale einrühren. Im Wasserbad oder über Dampf bei mittlerer Hitze ständig rühren, bis die Creme zu kochen beginnt. In eine flache Schale geben und kühlen.

Die Erdbeeren säubern, aber nicht die Stiele und die Blätter entfernen. Das Wasser und den Zucker in einen Topf geben und bei schwacher Hitze kochen, bis der Zucker karamelisiert. Eine ebene Fläche mit Öl einpinseln. Den Topf vom Feuer nehmen, die Erdbeeren am Stiel fassen, nacheinander in den Karamel tauchen und zum Abkühlen auf die geölte Fläche legen. (Wenn die Erdbeeren keine Stiele mehr haben, auf einen Zahnstocher stecken und in den Karamel dippen.) Wenn sie erkaltet sind, auf die Zitronencreme setzen und sofort servieren: Wenn sie zu lange auf der Creme liegen, löst sich der Karamel auf.

HIMBEEREN

RUBUS IDAEUS VULGATUS

Müsste ich mir eine Beerenart für »eine einsame Insel« aussuchen, so würde ich ohne zu zögern die Himbeere wählen. Zu meinem großen Bedauern wird sie im Mittelmeerraum nicht angebaut, obwohl sie in den höhergelegenen Gebieten des Piemont und der Lombardei durchaus zu finden ist. Himbeeren bevorzugen kühlere Klimazonen. Ich habe gehört, daß in Alaska ganz kleine, herrlich aromatische Exemplare gedeihen. Meine Vorstellung vom Himbeerparadies fand ich in den Plantagen von Herefordshire in England verwirklicht, wo jeder sich seine Himbeeren in beliebiger Menge selbst pflücken kann.

Es gibt zwei Arten rote Himbeeren, die europäische und die amerikanische *(rubus idaeus trigosus)*, und auch eine schwarze Himbeere *(rubus idaeus occidentalis)*. Unsere einheimischen, europäischen Himbeeren präsentieren sich lang und konisch, während die amerikanischen rund sind. Beide Typen bringen auch eine gelbe Mutation hervor, die aber nur selten auf den Markt kommt, weil sie sehr weich ist. Leute, die sich mit Himbeeren auskennen, meinen, daß die besten Exemplare Europas in Schottland zu finden sind, während man sich in Amerika vorzugsweise an die nordwestlichen Pazifikstaaten, Oregon und Washington, halten sollte.

Frisch vom Strauch ist die Himbeere eine traumhafte Frucht. Sie besteht aus zahlreichen einzelnen Steinfrüchtchen, die von feinsten Härchen zusammengehalten werden. Beim Pflücken bleibt der Stiel mitsamt dem Inneren an der Pflanze hängen, so daß die Beere dann hohl ist. Wenn Sie Himbeeren kaufen, müssen Sie aufpassen, daß die untersten Beeren in der Schale nicht schon zerdrückt sind. Himbeeren eignen sich hervorragend zur Herstellung von Marmelade und Sauce, doch überdecken Sie das leicht säuerliche Aroma bitte nicht mit zuviel Zucker.

Eine Schüssel voller frisch gepflückter Himbeeren ist wie eine Schüssel voller Juwelen. Ihr herb-süßer, köstlicher Geschmack kommt am besten heraus, wenn man sie einfach so ißt. Leckermäuler geben vielleicht noch ein bißchen Zucker oder frische Sahne hinzu. In Italien werden Himbeeren manchmal in guten Rotwein eingelegt, aber auch die Kombination Himbeere mit Pfirsich ist einfach himmlisch.

Daß vor ein paar Jahren in Großbritannien und Amerika Himbeeressig der letzte Schrei war, konnte ich überhaupt nicht nachvollziehen. Andererseits wird im Elsaß aus wilden Himbeeren ein Schnaps namens »Framboise sauvage« hergestellt, der wahrlich einen Abstecher wert ist.

HIMBEEREN MIT BAISER

6 GROSSE EIER, GETRENNT
240 G PUDERZUCKER
1 LITER MILCH
240 G ZUCKER
30 G MEHL
300 G HIMBEEREN

Den Grill vorheizen.

Das Eiweiß mit dem Puderzucker sehr steif schlagen, bis ein festes Baiser entsteht. Die Milch aufkochen, einen Löffel mit kaltem Wasser abspülen und etwas von der Baisermischung in die siedende Milch gleiten lassen. Die gesamte Eiweißmasse auf diese Weise in die Milch einbringen. Die Baiserinseln einige Minuten von der einen Seite gar ziehen lassen, dann vorsichtig umdrehen und eine weitere Minute ziehen lassen. Mit einer Schaumkelle aus der Milch heben, abtropfen, auf einem Kuchengitter beiseite stellen und abkühlen lassen. Die Milch durch ein Sieb gießen und etwa 500 ml abmessen. Das Eigelb mit dem Zucker schaumig schlagen, dann das Mehl und die abgemessene Milch einrühren. Im Wasserbad ständig rühren, bis die Creme dick geworden ist. In eine feuerfeste Form gießen und mit den Himbeeren belegen. Die Baiserinseln daraufsetzen und das Ganze unter den Grill schieben, bis das Baiser Farbe annimmt. Sofort, noch ganz heiß, servieren.

SCHOKOLADENRAVIOLI MIT HIMBEERSAUCE

210 G MEHL
90 G KAKAO
3 GROSSE EIER
600 G HIMBEEREN
120 G ZUCKER
240 G RICOTTA

Das Mehl und den Kakao in eine Rührschüssel geben. In eine Vertiefung in der Mitte die Eier schlagen. Eine Gabel zur Hand nehmen, zuerst die Eier verquirlen und dann mit Mehl vom Rand mischen, dabei soviel Mehl einarbeiten, wie die Eier aufzunehmen imstande sind. Dann mit den Händen auf einer Arbeitsfläche zu einem weichen, geschmeidigen Teig kneten. Mit Klarsichtfolie abdecken und ruhen lassen, bis die Füllung fertig ist.

Die Himbeeren mit dem Zucker in einen Topf geben und zugedeckt köcheln lassen, bis der Saft verdampft ist. Ein Drittel der Himbeeren in den Ricotta einrühren, den Rest im Mixer pürieren. Das Himbeermus durch ein Sieb streichen und die Kerne entfernen. Die Sauce in eine Schüssel gießen und beiseite stellen.

Den Teig hauchdünn ausrollen und in 5-cm-Quadrate schneiden. Die Hälfte der Quadrate auf eine Arbeitsfläche legen und etwas von der Ricottamischung auf jedes Teil setzen. Mit den restlichen Quadraten zudecken und an den Rändern gut zusammendrücken. Einen Topf mit Wasser zum Kochen bringen, die Ravioli portionsweise hineingeben und sieden lassen, bis sie an der Oberfläche schwimmen. Mit einer Schaumkelle herausheben und schnell mit kaltem Wasser abschrecken. Mit der Himbeersauce servieren. Wenn Sie möchten, können Sie die Ravioli und die Sauce heiß servieren, sobald die Ravioli gar sind: Dann müssen Sie die Ravioli alle gleichzeitig garen, damit sie serviert werden können, bevor sie auskühlen und aneinanderkleben.

HIMBEERBROT

30 g frische Hefe
210 ml lauwarmes Wasser
360 g Mehl, zusätzlich etwas Mehl zum Bestäuben
90 g Zucker
240 g Himbeeren

Die Hefe mit dem Wasser in eine kleine Schüssel geben und etwa 10 Minuten stehenlassen. In einer großen Schüssel das Mehl mit dem Zucker und dem Hefewasser vermengen. Den Teig kurz auf einer Arbeitsfläche geschmeidig kneten, dann behutsam die Himbeeren einarbeiten. Den Teig in eine mit Mehl bestäubte Schüssel legen, die mit Klarsichtfolie dicht abgeschlossen wird. Etwa 1 Stunde gehen lassen, bis der Teig sich verdoppelt hat. Den Teig in 2 Stücke teilen und zu langen Laiben (Durchmesser etwa 5 cm) formen. In einen Bräter legen und noch einmal etwa 20 Minuten gehen lassen. Unterdessen den Ofen auf 200 °C / Gas Stufe 6 vorheizen. Das Himbeerbrot etwa 30 Minuten lang backen, bis die Unterseite vom Brot hohl klingt, wenn man dagegenklopft. Das Brot vor dem Servieren auskühlen lassen.

MAULBEEREN

MORUS NIGRA

Maulbeeren wachsen an wunderschönen Bäumen, die sehr groß werden können. In Italien gibt es einige sehr alte Exemplare, die noch aus der Zeit stammen, als es hier eine florierende Seidenindustrie gab. Damals pflanzte man für die Seidenraupen den weißen Maulbeerbaum *(morus alba)*, so genannt wegen seiner weißen Früchte. Man hatte herausgefunden, daß die Raupen, die die Blätter des weißen Maulbeerbaums fraßen, die beste Seide produzierten. Im 17. Jahrhundert berichtet Castelvetro, daß weiße Maulbeeren ebenfalls hervorragend zur Mast von Hühnern und anderem Geflügel geeignet seien. Heute werden die »schwarzen Maulbeeren« bevorzugt, insbesondere von Kindern. Die Früchte ähneln im Aussehen sehr stark den Brombeeren, sind jedoch etwas länger, ovaler und herber im Aroma. Wie alle Mütter habe ich ein etwas zwiespältiges Verhältnis zu Maulbeeren, denn der Saft der Früchte macht Flecken, die man aus keinem Kleidungsstück mehr herausbekommt.

Soweit ich weiß, werden schwarze Maulbeeren nicht in Kulturen angebaut. Die Früchte sind schwer zu vermarkten, weil sie schon ein oder zwei Tage nach dem Pflücken kaputtgehen. Die Maulbeere ist aber in jeder Hinsicht durch die Brombeere ersetzbar. Wenn man alte italienische Rezepte liest, ist häufig nicht ganz klar, ob es sich dabei um Brombeeren oder um Maulbeeren handelt, weil beide denselben Namen haben, *mora*. Maestro Martini, der Küchenchef und Kochbuchautor aus dem 15. Jahrhundert, führt in seinem Buch *Libro de Arte Coquinaria* ein Rezept namens *sapor di moroni* an, eine mit Zimt, Ingwer und Muskat gewürzte Sauce aus gemahlenen Mandeln, Paniermehl und *moroni*. Ein Rezept, für das beide Beerensorten gleich gut geeignet sind.

TINTENFISCH MIT MAULBEEREN

600 G TINTENFISCH, GESÄUBERT
120 G ALTES BROT
210 G MAULBEEREN, ENTSTIELT
1 GROSSES EI
SALZ UND PFEFFER
1 EL NATIVES OLIVENÖL EXTRA
120 ML TROCKENER WEISSWEIN

Die Tentakeln von den Tintenfischen abtrennen und in kleine Stücke schneiden. Das Brot 5 Minuten in etwas Wasser einweichen, dann ausdrücken und mit den Tentakeln sowie den Maulbeeren vermengen. Um die Mischung zu binden, das Ei einrühren und mit Salz und Pfeffer würzen. Die Masse in die Tintenfische einfüllen und mit Zahnstochern verschließen. Das Öl in einer Pfanne erhitzen und die Tintenfische etwa 10 Minuten bei mittlerer Hitze goldgelb braten. Die Hälfte des Weins zugießen, den Deckel auf die Pfanne legen, die Hitze reduzieren und etwa 1 Stunde garen, dabei den restlichen Wein nach Bedarf zugießen, um den Tintenfisch feucht zu halten. Zum Servieren den Tintenfisch im eigenen Saft auf einer großen Platte anrichten.

MAULBEERDESSERT MIT MASCARPONE

300 G MAULBEEREN, ENTSTIELT
180 G ZUCKER
2 GROSSE EIGELB
3 EL RUM
300 G MASCARPONE

Die Maulbeeren mit der Hälfte des Zuckers in einen Topf geben und etwa 10 Minuten köcheln lassen. Die Maulbeeren abtropfen lassen und beiseite stellen. Den Saft weiterkochen, bis er zu Sirup wird. Die Maulbeeren wieder in den Topf geben, umrühren und beiseite stellen. Den restlichen Zucker mit dem Eigelb cremig schlagen, dann den Rum und den Mascarpone einrühren. Die Maulbeeren in eine Schale geben, mit der Mascarponemischung bedecken und vor dem Servieren kühlen.

CRÊPES MIT MAULBEERSAUCE

FÜR DIE CRÊPES (ERGIBT 12 STÜCK)
120 G MEHL
1 PRISE SALZ
1 GROSSES EI
1 GROSSES EIGELB
300 ML MILCH
1 EL GESCHMOLZENE BUTTER
ÖL FÜR DIE PFANNE
300 G MAULBEEREN
120 G ZUCKER
4 EL WASSER

Die Beeren in einer Küchenmaschine pürieren. Den Zucker und das Wasser in einem Topf zu Sirup kochen (ein Tropfen sollte auf einer flachen Unterlage rund bleiben). Abkühlen lassen und zu den Maulbeeren geben. Beiseite stellen und mit der Zubereitung der Crêpes beginnen.

Das Mehl mit dem Salz in eine Schüssel sieben und in der Mitte eine Mulde formen. Das Ei und das Eigelb in die Mulde geben und die Hälfte der Milch hinzufügen. Von der Mitte aus anfangen zu rühren und so das Mehl vom Rand untermischen. Die restliche Milch und die geschmolzene Butter einrühren. Sollten sich Klümpchen bilden, den Teig durch ein Sieb streichen. Eine Pfanne erhitzen, leicht einölen, etwa 2 EL Teig in die Mitte der Pfanne geben und durch Heben und Schwenken der Pfanne gleichmäßig verteilen. Umdrehen und die andere Seite bräunen. Dieses Verfahren wiederholen, bis der ganze Teig aufgebraucht ist. Anschließend die Crêpes mit Eis und warmer Maulbeersauce servieren.

BROMBEEREN

RUBUS FRUCTICOSUS

Am Rand der Welt
pflückt eine Hand
das Brombeerschwarz.
(Dieter Hoffmann, Mittsommer)

Brombeeren sind eng verwandt mit Himbeeren und schmecken fast genauso gut wie diese; manch einer findet sie sogar aromatischer. Da sie im September und Oktober überall in unseren Wäldern wild wachsen und Brombeersträucher zur klassischen Macchia mediterranea, dem Buschwald der Mittelmeerländer, gehören, ist das Pflücken von Brombeeren zu einer jahrhundertealten Tradition geworden, für die sich im Italienischen der Ausdruck *andare per more* gebildet hat, was übersetzt soviel wie »brombeeren gehen« bedeutet.

Die rötlich-schwarz glänzenden Brombeeren sind, wie ihre Verwandten, die Himbeeren, aus einzelnen Steinfrüchtchen zusammengesetzte Sammelfrüchte. Der Strauch ist bei der Brombeere allerdings dorniger, wodurch das Pflücken der Früchte zu einer echten Herausforderung werden kann. Für den kommerziellen Anbau wurde deshalb eine größere, saftigere und dornenlose Brombeere gezüchtet. Getreu der Volksweisheit, daß es keine Rose ohne Dornen gibt, sollen auch bei den Brombeeren, wie nicht anders zu vermuten, die Früchte vom Dornenstrauch den besseren Geschmack haben. Weil sie die Sonne und die Hitze besser vertragen können, sind Brombeeren süßer als Himbeeren; die kleinen Kerne in den einzelnen Steinfrüchtchen sind bei der Brombeere allerdings härter.

In Italien stellt man aus frischen Brombeeren, Walderdbeeren, Himbeeren, Heidelbeeren und roten Johannisbeeren *sottobosco*, eine »Waldbeerenmischung«, zusammen, die im Spätsommer und im Frühherbst bei Obsthändlern und in guten Restaurants in kleinen Holzkisten angeboten wird. Die Früchte werden meistens so gegessen, wie sie sind, oder mit Zitrone und Zucker zubereitet. *Sottobosco* eignet sich aber auch sehr gut zur Herstellung einer Sauce für *panna cotta*, ein Dessert aus gekochter Sahne.

Nicht zuletzt lassen sich Himbeeren und Brombeeren auch sehr gut einfrieren. Legen Sie die Früchte dazu nebeneinander auf ein Backblech, und stellen Sie dieses in den Gefrierschrank; wenn die Früchte dann gefroren sind, können sie in einen passenden Behälter gelegt werden.

BROMBEERMARMELADE

ERGIBT ETWA 500 G

1 KG BROMBEEREN
240 G ZUCKER
SCHALE VON 4 ÄPFELN
SCHALE VON 1 ZITRONE

Die Brombeeren mit dem Zucker, den Apfelschalen und der Zitronenschale in einen großen Topf geben und zugedeckt etwa 10 Minuten köcheln lassen, dabei gelegentlich umrühren. Die Schalen entfernen, das Mus durch ein Sieb streichen und die Kerne entfernen. Wenn Sie die Kerne nicht aussieben wollen, lassen Sie das Mus einfach etwa eine Stunde weiterköcheln, bis es sirupartig wird. Das Mus sofort in ein sauberes, sterilisiertes, vorgewärmtes Marmeladenglas füllen und fest verschließen. Dunkel und kühl gelagert hält die Marmelade bis zu 3 Monaten. Einmal angebrochen, muß das Glas im Kühlschrank aufbewahrt und innerhalb einer Woche verbraucht werden.

BROMBEERTORTE

2 GROSSE EIER
120 G MEHL, DAZU WEITERE 3 EL ZUM BESTÄUBEN DER BACKFORM
120 G ZUCKER
2 EL BACKPULVER
120 G GESCHMOLZENE BUTTER UND ETWAS BUTTER ZUM EINFETTEN DER FORM
600 G BROMBEEREN

Den Ofen auf 175 °C vorheizen / Gas Stufe 4.

Die Eier in einer großen Schüssel verquirlen, dann das Mehl, den Zucker und das Backpulver unterrühren. Die Butter zugeben und die Brombeeren unterheben. Eine Springform einfetten, mit Mehl bestäuben, den Teig einfüllen und etwa 1 Stunde backen. Nach 40 Minuten den Kuchen aus dem Ofen nehmen, mit Folie abdecken und weitere 20 Minuten in den Ofen stellen. Schließlich den Kuchen aus dem Ofen nehmen, die Folie entfernen und die Torte langsam in der Form abkühlen lassen. Zuletzt die Springform öffnen und die Torte auf eine Platte heben. Entweder noch ofenwarm oder abgekühlt genießen.

PANNA COTTA MIT BROMBEEREN

15 G GELATINEBLÄTTER ODER -PULVER
120 G ZUCKER
480 ML SCHLAGSAHNE
480 G BROMBEEREN

Die Gelatineblätter etwa 10 Minuten in einer Schüssel mit kaltem Wasser einweichen. Dann ausdrücken. Unterdessen den Zucker und die Hälfte der Sahne in einen Topf geben und etwas erhitzen, aber nicht kochen lassen. Den Topf von der Platte nehmen, die Gelatine hinzufügen und rühren, bis sie sich aufgelöst hat, dann abkühlen lassen. Die restliche Sahne steif schlagen. Die Brombeeren in einer Küchenmaschine pürieren, das Mus durch ein Sieb streichen und die Kerne entfernen. Das Brombeerpüree in die Gelatinemischung einrühren, dann die geschlagene Sahne unterheben. Eine 1-Liter-Schüssel mit kaltem Wasser ausspülen, die Brombeer-Sahne-Mischung einfüllen und mindestens 4 Stunden im Kühlschrank fest werden lassen. Zum Servieren die Panna cotta mit einem Messer rundum vom Rand lösen, die Schüssel kopfüber auf eine Platte stellen und schütteln.

HEIDELBEEREN

VACCINIUM SPECIES

Mehrere Jahre lang fuhr mein jüngster Sohn im Sommer immer in ein Ferienlager nach New England und kam jedesmal mit einem Riesenappetit auf »Blueberries«, auf Blueberry Pie, Blueberry Muffins, Blueberry-Pfannkuchen und Blueberry-Käsekuchen zurück, dem ich zu Hause gar nicht gerecht werden konnte. Ich versuchte ihm zu erklären, unsere *mirtilli* seien eben diese Blaubeeren, war ich mir doch sicher, daß sie mindestens genauso gut, wenn nicht gar besser als die amerikanischen Beeren schmeckten. Doch mein Sohn war da anderer Meinung.

Es stellte sich heraus, daß er recht hatte. Die europäischen *mirtilli (vaccinium myrtillus)* und die amerikanische »Blueberry« sind zwar miteinander verwandt, sind aber zwei Arten der Gattung *vaccinium.* Beide wachsen wild an kleinen Sträuchern, und in beiden Fällen handelt es sich um einzelne blauschwarze Beeren in kleinen Dreier- oder Viererbüscheln. Doch die amerikanische Blaubeere, vor allem die kultivierte Sorte, *vaccinium corymbosum,* ist größer und süßer. Unsere Heidelbeeren hingegen sind vom Geschmack her säuerlicher.

Die Blueberry ist auch eng verwandt mit der Huckleberry, einer weiteren amerikanischen Blaubeersorte, die aber kleiner und dunkler ist und außerdem eine härtere Haut und Kerne im Innern hat. Sie schmeckt eher wie unsere Heidelbeere, die auch Bickbeere genannt wird. Von der Verwendungsweise her sind Blaubeeren und Heidelbeeren absolut identisch, und wenn sie gekocht sind, müssen Sie schon ein echter Kenner sein – wie etwa mein Sohn –, um den Unterschied herauszuschmecken.

RICOTTA-HEIDELBEER-FÖRMCHEN

600 G RICOTTA
120 G ZUCKER
600 G HEIDELBEEREN
1 HANDVOLL FRISCHE MINZEBLÄTTER

In einer Schüssel den Ricotta mit der Hälfte des Zuckers schaumig schlagen, bis die beiden Zutaten gut miteinander vermengt sind. Die Ricottamischung auf 6 Portionsförmchen verteilen. Die Oberfläche leicht drücken, damit die Luftblasen entweichen, dann bis zum Servieren in den Kühlschrank stellen.

Unterdessen die Heidelbeeren mit dem restlichen Zucker und der Minze in einen Topf geben und etwa 10 Minuten köcheln lassen. Die Heidelbeeren abtropfen, den Saft aufbewahren, die Minze entfernen und dann die Flüssigkeit reduzieren, bis ein Sirup entsteht. Die Heidelbeeren wieder zum Saft in den Topf geben und noch einmal 2 Minuten lang erhitzen. Währenddessen die Ricottamischung aus den Förmchen nehmen: Die Masse mit einer Messerspitze rundum vom Rand lösen und dann je ein Förmchen auf eine Dessertschale stürzen. Die warmen Heidelbeeren um den Ricotta gießen und sofort servieren.

HEIDELBEER-JOGHURT-EIS

900 G HEIDELBEEREN
750 ML JOGHURT
90 G ZUCKER

Ein Drittel der Heidelbeeren für die Dekoration zurückbehalten, den Rest im Mixer pürieren. Den Joghurt und den Zucker hinzugeben und alles noch einmal gründlich vermengen. Die Mischung in die Eismaschine gießen und gefrieren. Wenn Sie keine Maschine haben, die Mischung in ein geeignetes Gefäß füllen und mindestens 4 Stunden in den Gefrierschrank stellen. Nach 30 Minuten das Gefäß herausnehmen und die Masse kräftig durchschlagen, um die sich bildenden Eiskristalle zu zerstören, dann in den Gefrierschrank zurückstellen. Dieses Verfahren noch zwei Mal halbstündlich wiederholen, dann das Eis fest werden lassen. Zum Servieren das Eis, zu Kugeln geformt, auf Dessertschälchen verteilen und mit den übrigen Heidelbeeren bestreuen.

HEIDELBEERGRAPPA

300 G HEIDELBEEREN,
GEWASCHEN UND GETROCKNET
1 FLASCHE GRAPPA

Sie brauchen entweder ein großes Gefäß mit einem dichten Verschluß – vielleicht ein Einmachglas – oder eine große Flasche, die sowohl den Grappa als auch die Heidelbeeren aufnehmen kann, auch diese mit einem dichten Verschluß, wie etwa einem Korken.

Die Heidelbeeren in das Gefäß oder in die Flasche geben und den Grappa darübergießen. Verschließen und, bevor Sie ihn trinken, mindestens 3 Monate kühl und dunkel lagern, dabei gelegentlich schütteln.

PREISELBEEREN

OXYCOCCUS PALUSTRIS

Den Geschmack von Preiselbeeren lernte ich kennen, als meine amerikanischen Nachbarn in der Toskana zu ihrem Thanksgiving-Dinner eine Preiselbeersauce reichten. Damals ließen sie sich die Preiselbeeren für ihre Festtagspute noch von zu Hause schicken. Heutzutage kann man Gläser mit Preiselbeersauce in jedem Supermarkt finden.

Die amerikanischen Ureinwohner von New England schätzten die Preiselbeere, weil sie sich aufgrund ihrer wachsartigen Haut den ganzen Winter hindurch hielt. Einige der englischen Kolonisten kannten die Beere sicherlich aus ihrem Heimatland und dürften von der nordamerikanischen Sorte *ixycoccus macrocarpus* angesichts ihres kargen Speiseplans angenehm überrascht gewesen sein, denn die nordamerikanische Preiselbeere ist größer und besser als die europäische Sorte. Heute bauen die Nachfahren der einstigen Siedler die Preiselbeeren professionell an und exportieren sie gefroren, konserviert, getrocknet, in Saucen oder Gelees wieder nach Großbritannien und in andere Länder. Da Preiselbeeren besonders viel Eisen und Kalium enthalten, wird älteren Leuten heute empfohlen, täglich Preiselbeersaft zu trinken.

Ich liebe den ausgeprägt herben Geschmack der Preiselbeeren und das markante Aroma, das sie anderen Gerichten verleihen. Wenn es einfacher wäre, in Italien frisch eingefrorene Preiselbeeren zu finden, würde ich sie sicherlich häufiger verwenden. Vor kurzem las ich, eine britische Kochexpertin habe sich in ihrer Fernsehsendung positiv über Preiselbeeren geäußert, woraufhin ein solcher Ansturm auf Preiselbeeren eingesetzt habe, daß auf den gesamten Britischen Inseln keine einzige Preiselbeere mehr zu finden war – die Nachfahren der Pilgrim Fathers haben sich bestimmt darüber gefreut.

PREISELBEERSUPPE

600 G PREISELBEEREN
3 EL SPEISESTÄRKE
500 ML WASSER
500 ML ROTWEIN
1 EL ZUCKER
GERIEBENE SCHALE VON 1 ORANGE
3 EL BUTTER
6 SCHEIBEN ROGGENBROT

Die Preiselbeeren in einen Topf geben, mit der Speisestärke bestreuen und einige Minuten köcheln lassen, dabei mit einem Holzlöffel umrühren. Das Wasser und den Wein zugießen, den Zucker und die Orangenschale hinzufügen und weitere 30 Minuten kochen. Die Butter in einer großen Pfanne erhitzen, die Brotscheiben hineinlegen und etwa 5 Minuten von beiden Seiten goldbraun rösten. In jede Servierschale eine Scheibe Brot legen, die Suppe darübergeben und sofort ganz heiß servieren.

KALBFLEISCH MIT PREISELBEEREN

600 G KALBSSCHNITZEL,
DÜNN GESCHNITTEN
300 G PREISELBEEREN
1 EL SENFPULVER
60 G ZUCKER
2 EL NATIVES OLIVENÖL EXTRA
30 G BUTTER
120 ML TROCKENER WEISSWEIN
60 ML SCHLAGSAHNE
SALZ

Die Preiselbeeren zusammen mit dem Senfpulver, dem Zucker und etwas Wasser in einen Topf geben und etwa 10 Minuten köcheln lassen, bis die Flüssigkeit fast vollständig verdampft ist. Komplett abkühlen lassen. Die Kalbfleischscheiben auf einer Arbeitsfläche ausbreiten und die Preiselbeeren darauf verteilen. Die Schnitzelscheiben mit den Preiselbeeren auf der Innenseite aufrollen und mit einem Zahnstocher feststecken. Das Öl und die Butter in einer Pfanne erhitzen und die Kalbfleischröllchen bei mittlerer Hitze etwa 10 Minuten darin braten, dabei mehrmals wenden. Den Wein und die Sahne zugießen, mit Salz abschmecken und weiterkochen, bis die Sauce etwas dicklich wird. Heiß servieren, nach Belieben mit etwas Preiselbeersauce.

BOLLITO MISTO (GEMISCHTER FLEISCHTOPF) MIT PREISELBEERSAUCE

3 LITER WASSER
300 G RINDFLEISCH ZUM KOCHEN
1 KAROTTE, GESCHÄLT UND
GROB ZERKLEINERT
1 STANGE SELLERIE,
GROB ZERKLEINERT
1 ZWIEBEL, GROB GEHACKT
1 HANDVOLL GLATTE PETERSILIE
1 FRISCHES LORBEERBLATT
SALZ
300 G KALBFLEISCH ZUM KOCHEN
ETWA 600 G HÜHNERFLEISCH
300 G KOCHWURST
300 G PREISELBEEREN
150 G ZUCKER

Das Wasser in einem großen Topf zum Kochen bringen, dann die Hitze verringern, das Rindfleisch, das Gemüse, die Kräuter und etwas Salz hinzufügen und etwa 1 Stunde kochen lassen. Das Kalbfleisch und das Hühnerfleisch dazugeben und eine weitere Stunde sieden lassen.

Unterdessen einen zweiten Topf mit Wasser füllen, zum Kochen bringen, die Hitze reduzieren und die Wurst etwa eine Stunde darin garen.

Während das Fleisch kocht, die Sauce zubereiten: Die Preiselbeeren mit dem Zucker in einen Topf geben und zugedeckt etwa 10 Minuten köcheln lassen, bis der Saft eine sirupartige Konsistenz aufweist. Die Flüssigkeit sollte fast vollständig verdampft sein. Abkühlen lassen und in eine Schüssel gießen. Wenn Rind-, Kalb- und Hühnerfleisch gar sind, die Suppe durch ein Sieb gießen und die Flüssigkeit auffangen. Das Gemüse und die Kräuter entfernen. Die Wurst abgießen. Das Fleisch mit etwas Brühe auf einer Platte anrichten. Die Sauce extra dazu reichen.

STACHELBEEREN

RIBES GROSSULARIA

Der italienische Name der Stachelbeere, *uva spina*, die Stacheltraube, verbildlicht sehr schön, daß die meisten Stachelbeeren tatsächlich wie Trauben aussehen und an dornigen oder stacheligen Büschen wachsen. Auch hinsichtlich der Farben sind Ähnlichkeiten mit den Trauben festzustellen: Es gibt Stachelbeeren in Weiß, Gelb, Grün und Rot bis zu Violett. Zwar haben die meisten Sorten die Größe von Trauben; einige Sorten sind jedoch so groß wie kleine Pflaumen.

Warum die Engländer, die die Stachelbeere besonders schätzen, sie *gooseberry*, Gänsebeere, nennen, ist umstritten. Im Oxford-Lexikon wird als möglicher Grund angegeben, daß die Beeren traditionell bei der Zubereitung von Gänsebraten verwendet wurden. Auch Giacomo Castelvetro, ein italienischer Schriftsteller aus dem 17. Jahrhundert, berichtet davon, daß die Sauce, die dem englischen Adel zur Gans serviert wurde, mit Stachelbeeren zubereitet wurde. Ähnliches ist auch über die Italiener zu lesen, die ihrem Gaumen gern mit herben Geschmacksnuancen neue Reize verschaffen wollten und ihre Saucen zum Hähnchen, zum Täubchen oder zum Kalb deshalb mit sauren Stachelbeeren zubereiteten. Und wenn gerade keine Stachelbeerzeit sei, nähmen sie statt dessen den Saft von unreifen Trauben. Die Franzosen hingegen nannten die Stachelbeere *groseille à maquereau*, »Makrelenbeere«, weil sie daraus eine Sauce zu diesem Fisch zubereiteten, also wiederum ein ebenso fettes Gericht wie Gans.

Botanisch gesehen ist die Stachelbeere eine Spezies der Gattung *ribes*, der Johannisbeeren. Die ersten Stachelbeeren im Frühjahr sind zu sauer und zu hart, um sie unzubereitet zu essen; sie eignen sich aber sehr gut zum Kochen. Einige Sorten, die im Hochsommer reif werden, können hingegen als Dessertfrüchte gegessen werden. Meine ersten Stachelbeeren habe ich als junge Frau in England gegessen: Stachelbeermus mit Unmengen von Zucker und viel Sahne obendrauf – köstlich!

GEDÜNSTETE STACHELBEEREN MIT KAROTTEN

600 G KAROTTEN,
GESCHÄLT UND GEWÜRFELT
600 G STACHELBEEREN,
VON BLÜTE UND STIEL BEFREIT
2 EL NATIVES OLIVENÖL EXTRA
60 G ZUCKER
2 EL BALSAMICO-ESSIG
SALZ

Einen großen Topf mit Wasser zum Kochen bringen, die Karotten eine Minute blanchieren, dann das Wasser durch ein Sieb abgießen. Die Karotten abtropfen lassen und zusammen mit den Stachelbeeren und dem Öl wieder in den Topf geben. Zugedeckt bei schwacher Hitze etwa 10 Minuten weich dünsten. Den Zucker und den Balsamico-Essig einrühren, mit Salz abschmecken und weitere 5 Minuten garen. Eine wunderbare Beilage zu gebratenem Geflügel oder geschmortem Fleisch.

STACHELBEERCREME

1 KG STACHELBEEREN,
VON BLÜTE UND STIEL BEFREIT
4 EIGELB UND 2 EIWEISS
120 G ZUCKER
240 ML MILCH

Einige Stachelbeeren für die Dekoration zurücklegen, den Rest im Mixer pürieren und dann durch ein Sieb streichen, dabei die Kerne entfernen. Das Eigelb mit dem Zucker schlagen, dann die Milch und das Stachelbeerpüree einrühren. Im Wasserbad oder über Dampf bei mittlerer Hitze ständig rühren, bis die Creme am Löffel haften bleibt. Nicht kochen lassen. Vollkommen abkühlen lassen, dabei hin und wieder umrühren, damit sich keine Haut bildet. Das Eiweiß steif schlagen und unter die Creme ziehen. Alles in eine Servierschüssel gießen, mit den übrigen Stachelbeeren verzieren und bis zum Servieren kühlen.

CHAMPAGNER-
STACHELBEEREN

600 G STACHELBEEREN,
VON BLÜTE UND STIEL BEFREIT
½ FLASCHE CHAMPAGNER ODER SEKT
90 G ZUCKER
240 ML SCHLAGSAHNE

Die Stachelbeeren in eine Schüssel geben, mit dem Champagner begießen und 2 Stunden bei Raumtemperatur stehenlassen. Die Stachelbeeren herausnehmen, abtropfen lassen und den Zucker darüberstreuen. Die Sahne nicht allzu steif schlagen und unter die Stachelbeeren heben. Bis zum Servieren kühlen.

SCHWARZE JOHANNISBEEREN

RIBES NIGRUM

WAS DIE BLAUBEEREN für die Amerikaner, sind die Johannisbeeren für uns Europäer. Wenn wir Beeren pflücken gehen, zumindest in Italien, dann sind es meistens Johannisbeeren – sie wachsen einfach überall und im Übermaß. Ich habe einmal in einer Zeitung gelesen, daß die Johannisbeere nach der Erdbeere die am häufigsten angebaute Frucht sei.

Sämtliche Johannisbeersorten gehören zu der Familie der *ribes*, zu der auch die Stachelbeere gehört. Obwohl die Johannisbeere schon im Mittelalter häufig verwendet wurde, vor allem in Skandinavien, werden sie in Europa erst seit dem 17. Jahrhundert in großem Maßstab kultiviert. In Italien werden schwarze Johannisbeeren auch »Bergbeeren« *(ribes di monte)* genannt, weil sie die am häufigsten vorkommende Beerenart unter den Wildbeeren ist. Die dornigen Zweige blühen im Frühjahr und bilden im Sommer Büschel mit Früchten. Man kann ihren Duft schon von weitem riechen, und ihr Geschmack ist sauer und aromatisch. Sie eignen sich am besten zum Kochen und werden häufig auch in Sorbets und Früchtepuddings verwendet.

Die schwarze Johannisbeere wird in der Volksmedizin insbesondere bei Erkältungskrankheiten angewendet. So erinnere ich mich, daß ich in meiner Kindheit schwarze Johannisbeeren immer als Hustenmedizin erhalten habe. In Frankreich wird aus den Beeren ein köstlicher Likör hergestellt, der *cassis*, der als Bestandteil von Cocktails unter dem Namen Kir inzwischen auf der ganzen Welt populär geworden ist. Der Kir – der Name stammt von einem Monsieur Kir, einem Helden im französischen Widerstandskampf – besteht aus einem Schuß *cassis* in einem trockenen Weißwein.

GERSTENSUPPE MIT SCHWARZEN JOHANNISBEEREN

210 G GERSTE
600 ML ENTRAHMTE MILCH
120 G ZUCKER
300 G SCHWARZE JOHANNISBEEREN, VON BLÜTE UND STIEL BEFREIT
6 SCHEIBEN PANETTONE

Die Gerste mit der Milch in einen Topf geben und zum Kochen bringen. Die Hitze reduzieren und etwa 1 Stunde köcheln lassen, bis die Gerste weich ist. Den Zucker und die schwarzen Johannisbeeren einrühren und warm halten. Die Panettone-Scheiben von beiden Seiten goldgelb rösten und in jede Servierschale eine Scheibe legen. Die Suppe darübergeben und servieren.

MOUSSE MIT SCHWARZEN JOHANNISBEEREN

600 G SCHWARZE JOHANNISBEEREN
120 G ZUCKER
240 ML SCHLAGSAHNE

Die schwarzen Johannisbeeren mit kaltem Wasser waschen und in einen großen Topf geben. Zugedeckt bei schwacher Hitze etwa 5 Minuten dünsten, bis sie weich sind. Den Zucker hinzufügen und behutsam mit den weichen Johannisbeeren vermengen. Vollkommen abkühlen lassen.

Die Sahne steif schlagen und unter das Johannisbeerpüree heben. In eine Schüssel füllen und vor dem Servieren kühlen.

SORBET AUS SCHWARZEN JOHANNISBEEREN

900 G SCHWARZE JOHANNISBEEREN
240 G ZUCKER
120 ML WASSER
SAFT VON 1 ZITRONE
1 EIWEISS, STEIF GESCHLAGEN

Die schwarzen Johannisbeeren waschen und in einen Topf geben. Zugedeckt bei schwacher Hitze einige Minuten dünsten, bis die Beeren weich sind. Durch ein Sieb streichen, dabei starken Druck ausüben, um den ganzen Saft zu erhalten. Beiseite stellen. Den Zucker mit dem Wasser etwa 5 Minuten kochen, bis ein Sirup entsteht. Diesen mit dem Zitronensaft zu dem Johannisbeerpüree geben und vollkommen abkühlen lassen. In eine Eismaschine füllen und nach Gebrauchsanleitung gefrieren. Alternativ dazu etwa 4 Stunden in den Gefrierschrank stellen, dabei gelegentlich durchschlagen, um die Eiskristalle zu zerbrechen. In beiden Fällen das geschlagene Eiweiß, 10 Minuten bevor das Sorbet endgültig fest wird, unterziehen.

ROTE JOHANNISBEEREN

RIBES RUBRUM

Obwohl rote Johannisbeeren schon seit dem Mittelalter in der Küche verwendet werden, vor allem in Skandinavien, werden sie großflächig erst seit dem 17. Jahrhundert kultiviert. Sie wachsen an Büschen, die auf Hecken von etwa 1,5 Meter Höhe geschnitten werden. Aufgrund ihrer wunderbaren roten Farbe waren sie ein beliebtes Motiv in den Stilleben nordischer Maler. Heute werden die roten, juwelenartigen Früchte von Köchen häufig als Dekoration für süße und würzige Gerichte verwendet. Weiße Johannisbeeren stammen von den roten Johannisbeeren ab, gelegentlich findet man auch eine rosafarbene Kreuzung beider Sorten. Rote und weiße Johannisbeeren sind weniger sauer als die schwarzen und können auch roh gegessen werden, eventuell mit einer Prise Zucker. Sie geben Saucen einen angenehm sauren Geschmack und eine schöne Farbe für Fleischgerichte und Desserts. Rote Grütze von Johannisbeeren gehört mittlerweile zu den Klassikern. Weiterhin werden rote Johannisbeeren häufig mit anderen, süßeren Beerensorten verarbeitet, wie etwa Himbeeren oder Erdbeeren in Puddings. Auf Märkten findet man häufig kleine Schälchen, in denen alle drei Sorten von Johannisbeeren vermischt sind. Sie können auch gemeinsam zum Kochen verwendet werden.

OMELETTE MIT ROTEN JOHANNISBEEREN

6 GROSSE EIER
180 G ZUCKER
30 G BUTTER
6 EL SCHLAGSAHNE
180 ML JOGHURT
600 G ROTE JOHANNISBEEREN,
VON STIEL UND BLÜTE BEFREIT

Den Ofen auf 200 °C vorheizen / Gas Stufe 6.

Die Eier einzeln mit je ½ EL Zucker und 1 EL Sahne in 6 kleinen Schüsseln verquirlen. Die Butter in 6 Stücke teilen. Ein Butterstück in einer kleinen Pfanne bei mittlerer Hitze schmelzen. Eine Portion in die Eimischung geben und backen, bis der Teig fast fest geworden ist. Die Omelette umdrehen und nur noch 1 Minute von der anderen Seite backen. Diesen Vorgang wiederholen, bis Sie 6 Omelettes haben. Den restlichen Zucker, den Joghurt und die roten Johannisbeeren zusammenrühren und die Omelettes damit füllen, aufrollen und in eine feuerfeste Form legen. 5 Minuten im Ofen erhitzen und sofort servieren.

CHAMPAGNERBOWLE MIT ROTEN JOHANNISBEEREN

300 G ROTE JOHANNISBEEREN,
VON STIEL UND BLÜTE BEFREIT
90 G ZUCKER
1 FLASCHE TROCKENER CHAMPAGNER

Die roten Johannisbeeren waschen und in ein großes Bowlegefäß geben. Mit dem Zucker bestreuen und den Champagner darübergießen. In den Kühlschrank stellen, aber nicht länger als 2 Stunden, sonst wird der Champagner schal. Diese Champagnerbowle ist der perfekte Aperitif für ein Sommerfest.

REISPUDDING MIT WEISSEN JOHANNISBEEREN

210 G RISOTTOREIS (ARBORIO)
480 ML MILCH
4 GROSSE EIGELB
240 G ZUCKER
300 G WEISSE JOHANNISBEEREN,
VON STIEL UND BLÜTE BEFREIT
90 G GESCHMOLZENE BUTTER
UND ETWAS BUTTER
ZUM EINFETTEN DER FORM
120 ML SCHLAGSAHNE

Den Ofen auf 175 °C vorheizen / Gas Stufe 4.

Einen Topf mit Wasser zum Kochen bringen, den Reis hineingeben und bei mittlerer Hitze etwa 5 Minuten kochen lassen, danach auf ein Sieb gießen und abtropfen lassen. Die Milch in den Topf gießen, den Reis hinzufügen und bei schwacher Hitze etwa 20 Minuten ausquellen lassen, dabei häufig umrühren, bis die Milch vollständig aufgesaugt ist. Abkühlen lassen. Das Eigelb, den Zucker, die Johannisbeeren, die geschmolzene Butter und die Sahne einrühren. Eine 1,5-Liter-Backform einfetten, die Reismischung einfüllen und mit Folie abdecken. In ein Wasserbad geben (Wasserhöhe etwa 2,5 cm) und ungefähr 1 Stunde backen, bis die Masse fest geworden ist. Etwas abkühlen lassen. Zum Servieren den Pudding rundum mit einer Messerspitze vom Rand lösen und auf eine Platte stürzen.

JOHANNISBEER-KOMPOTT

900 G GEMISCHTE JOHANNISBEEREN,
VON STIEL UND BLÜTE BEFREIT
90 G ZUCKER
SAFT VON 1 ZITRONE

Die Johannisbeeren waschen und in eine Schüssel geben. Mit dem Zucker bestreuen, den Zitronensaft hinzufügen und in den Kühlschrank stellen. Dann alles behutsam vermischen und mit Joghurt, Eis oder Schlagsahne servieren.

MEDITERRANE FRÜCHTE

FEIGEN

FICUS CARICA

IN DEN MITTELMEERLÄNDERN sind Feigen, Oliven und Trauben die drei wichtigsten Früchte. Als wollte der Feigenbaum diese Behauptung unterstreichen, schlägt er an allen nur erdenklichen Plätzen Wurzeln, selbst in den kleinsten Spalten von alten Steinmauern oder unter dem Pflaster der Straßen. Wenn man die Pflanzen nicht sofort herausreißt, hat man schnell das Nachsehen und der Baum überwuchert einfach alles.

Der Feigenbaum stammt wahrscheinlich aus Kleinasien. In unserem Kulturkreis ist der Feigenbaum vor allem durch die Schöpfungsgeschichte bekannt geworden, stand er doch schon im Garten Eden und erwies sich mit seinen großen Blätter für Adam und Eva als ausgesprochen nützlich, eine Rolle, die den Blättern später auch unter den sittenstrengen Päpsten zukam, die damit die Nacktheit vieler römischer Statuen bedeckten. Was die Früchte anbetrifft so kommt heute eine der schmackhaftesten Feigensorten, die Smyrna-Feige, aus Izmir in der Türkei. Allerdings wird diese einst exotische Frucht heute auch weit entfernt von ihrer einstigen Heimat angebaut, beispielsweise in Kalifornien oder in Brasilien.

Die birnen- oder tropfenförmigen Feigen besitzen ein sehr weiches Fruchtfleisch und zahlreiche kleine Samenkerne, durch die es zu den charakteristischen Knackgeräuschen kommt, wenn man in eine Feige beißt. Die jahrhundertelange Kultivierung der Feige hat viele verschiedene Sorten mit unterschiedlichen Merkmalen hervorgebracht – allein in Italien zählen die Botaniker über 700. Am einfachsten lassen sie sich nach ihren zwei Grundfarben klassifizieren: Weiß, wobei die Farbtöne von Hellgrün bis Goldfarben variieren; und Rot, mit bräunlich glänzenden Farbtönen bis hin zu Violett. Einige der beliebtesten Feigen, die Sie mit ziemlicher Sicherheit auf italienischen Märkten finden werden, sind die Dottato (manchmal auch Ottato genannt), die Gentile Bianco (eine weiße Feige), die Genovese, die Verdello und die Brogiollo Nero und Bianco.

In Italien tragen die Feigenbäume zweimal pro Jahr Früchte. Die ersten sind die sogenannten »fiorone«, die sich aus den Knospen der vorigen Saison entwickeln. Sie werden in den Monaten Juni und Juli geerntet, sind groß und saftig, aber fast geschmacklos, vor allem wenn es im Frühjahr viel geregnet hat. Erst die zweite Frucht ist dann die echte Feige, die sich aus den Blütenständen der neuen Saison entwickelt hat. Sie wird zwischen Ende August und Oktober reif, ist klein und hat ein köstliches Aroma. Der Geschmack einiger Sorten erinnert mich an Honig, während andere nach Beerenmarmelade schmecken.

Die beste Art, Feigen zu essen, ist zweifelsohne der direkte Weg vom Baum in den Mund, möglichst noch warm von der Sonne. Da reife Feigen sehr empfindlich sind und sich nicht gut transportieren lassen, ist es nicht ganz einfach, richtig reife Feigen zu bekommen. Beim Kauf sollten Sie daher nach Früchten mit dünner, makelloser Schale Ausschau halten. Außerdem zeigt sich bei sonnengereiften Feigen oft ein kleiner Feuchtigkeitstropfen am oberen Ende der Frucht. Wenn Sie Feigen dort kaufen, wo sie wachsen, und Sie die Früchte zudem sofort verspeisen wollen, brauchen Sie sich an brüchigen Schalen nicht zu stören. Zur Feigensaison bringen wir in Italien eines unserer klassischen, süß-herzhaften Gerichte auf den Tisch: sonnengereifte Feigen mit Prosciutto (Schinken). Getrocknete Feigen werden aus der Herbsternte gemacht und traditionell an den Weihnachtsfeiertagen gegessen.

FEIGEN-THUNFISCH-SPIESSE

6 THUNFISCHSTEAKS, JE ETWA 240 G
4 EL NATIVES OLIVENÖL EXTRA
SALZ UND PFEFFER
12 FEIGEN
24 LORBEERBLÄTTER

Den Ofen auf 200 °C vorheizen / Gas Stufe 6.

Jedes Steak in 4 Stücke teilen und von den Häuten befreien. 3 EL von dem Öl in einer Pfanne erhitzen und den Thunfisch bei starker Hitze 2 Minuten braten. Mit Salz und Pfeffer würzen, abtropfen lassen und beiseite stellen. Die Feigen mit der Schale vertikal halbieren. Auf jeden der 6 Spieße abwechselnd 4 Thunfischstücke, 4 Feigenhälften und 4 Lorbeerblätter stecken. Einen Bräter mit dem restlichen Öl auspinseln, die Spieße hineinlegen und 10 Minuten braten, dabei die Spieße einmal umdrehen. Sofort ganz heiß servieren.

FUSILLI MIT SPECK UND FEIGEN

600 G FUSILLI, PENNE ODER RIGATONI
SALZ
120 G GERÄUCHERTER SPECK, GEWÜRFELT
1 ZWIEBEL, ABGEZOGEN UND GEHACKT
9 FEIGEN, GEVIERTELT
2 EL NATIVES OLIVENÖL EXTRA
6 DÜNNE SCHEIBEN PARMASCHINKEN, KLEINGESCHNITTEN

Einen Topf mit Salzwasser zum Kochen bringen und die Pasta hineingeben. Unterdessen den Speck und die Zwiebel etwa 5 Minuten mit wenig Öl in einer Pfanne braten, bis die Zwiebel glasig und der Speck knusprig ist. Die Feigen hinzufügen und einige Minuten mitbraten. Wenn die Fusilli *al dente* (bißfest) gekocht sind, abgießen und mit dem restlichen Öl in eine Schüssel geben, umrühren und die Speck-Zwiebel-Feigen-Mischung dazugeben. Den Parmaschinken darüberstreuen und sofort servieren.

FEIGENTORTE

240 G BLÄTTERTEIG
480 G FRISCHE FEIGEN
2–3 EL KLARER HONIG
JOGHURT ODER SCHLAGSAHNE

FÜR DIE MANDELCREME
60 G BUTTER
60 G ZUCKER
60 G GEMAHLENE MANDELN
1 EI
3 TROPFEN MANDELESSENZ

Den Ofen auf 175 °C vorheizen / Gas Stufe 4.

Den Teig ausrollen und eine rechteckige Form von 20 × 30 cm damit auslegen. Kurz vorbacken, bis der Teig goldbraun wird. Die Feigen waschen, abtrocknen und halbieren. Unterdessen die Mandelcreme zubereiten: Butter, Zucker und gemahlene Mandeln miteinander vermischen, dann das Ei hinzufügen und die Mandelessenz unterrühren. Die Mandelcreme glatt über den Teig streichen und die Feigen in Reihe darauflegen.

Etwa 45–60 Minuten im Ofen backen. Den Honig erwärmen und über die Feigen geben. Warm servieren mit Joghurt oder Schlagsahne.

WEINTRAUBEN

VITIS VINIFERA

Wie die volle Traube,
Aus dem Rebenlaube,
Purpurfarbig strahlt!
(Johann Gaudenz von Salis-Seewis, Herbstlied)

Die gastronomische Beziehung zwischen Mensch und Trauben ist älter als bei jeder anderen Frucht. Archäologen haben entdeckt, daß Trauben schon sehr früh wild im Kaukasus wuchsen, einer Region, aus der sie vermutlich auch stammen. Frühe Zeugnisse von der Arbeit an Weinreben und von Menschen bei der Weinbereitung finden sich schon auf den Grabmalereien im Tal der Könige von Luxor, und natürlich – nicht zu vergessen – in der Geschichte der Griechen und Römer: Wie viele Legenden ranken sich hier nicht um das Herstellen und Trinken von Wein? Was die Weinanbaufläche betrifft, liegt Italien heute an dritter Stelle der weinproduzierenden Länder; hinsichtlich der Traubenvielfalt und der produzierten Weinmenge ist Italien allerdings Spitzenreiter.

Es dürfte heute vermutlich weit über hundert Traubensorten geben. Manche Sorten werden nur zur Weinproduktion angebaut, einige sind Tafeltrauben, wieder andere werden getrocknet und als Rosinen, Sultaninen oder Korinthen verkauft. Trauben werden ganz allgemein nach der Farbe ihrer Schale unterschieden. Einige Trauben sind eher gelb oder grün, während manch rote Traube eine violette bis schwarze Färbung aufweist.

Früher fand ich von Juli bis Dezember auf unseren lokalen Märkten eine große Auswahl an Tafeltrauben vor. Leider sind aber viele unserer einheimischen Sorten, wie die schmackhafte Cardinal und die süße Regina, auf dem besten Wege zu verschwinden, weil der Export sich auf kernlose Trauben spezialisiert, die von den Verbrauchern in zunehmendem Maße nachgefragt werden – allerdings enthalten kernlose Trauben weniger Tannin und haben deshalb auch weniger Aroma als die Früchte mit Kernen. Die köstlichste Tafeltraube ist meiner Meinung nach die Italia, eine weiße Sorte mit großen Kernen, die beim Hineinbeißen herrlich knackt und einen wunderbar süßen Saft besitzt. Sie ist besonders zu Weihnachten sehr beliebt, wird Ende Dezember geerntet und ist sehr teuer, denn bei Kälte müssen die Weinstöcke abgedeckt werden.

Zu den wohlschmeckendsten Trauben gehören die sogenannten Desserttrauben, die für den direkten Verzehr oder die Zubereitung verschiedenster Gerichte geeignet sind. Hier ist wiederum Italien Spitzenreiter in der Produktion. Die beste Sorte in dieser Kategorie ist die phantastisch duftende Moscato mit ihrem Honigaroma. Außer Wein produziert Italien noch den berühmten *balsamico*, der aus unvergorenem Traubenmost gemacht wird und über Generationen hinweg in kleinen Fässern aus Holz reifen muß. Oft wird dem *balsamico* Weinessig zugesetzt, um *aceto balsamico* herzustellen, doch erst wenn Sie einmal *aceto balsamico tradizionale* gekostet haben, wissen Sie, wie köstlich dieser Essig schmecken kann.

WEINTRAUBEN UND ZWIEBELN IN SÜSS-SAURER SAUCE

2 EL NATIVES OLIVENÖL EXTRA
30 G BUTTER
300 G FRÜHLINGSZWIEBELN OHNE GRÜN, ABGEZOGEN UND GEPUTZT
SALZ UND PFEFFER
90 G BRAUNER ZUCKER
60 ML ROTWEINESSIG
210 G WEISSE WEINTRAUBEN
210 G ROTE WEINTRAUBEN

Das Öl und die Butter in einer Pfanne erhitzen, die Zwiebeln hineingeben und bei schwacher Hitze etwa 10 Minuten zugedeckt dünsten. Mit Salz und Pfeffer würzen, dann den Zucker und den Essig hinzufügen. In der offenen Pfanne noch etwa 10 Minuten weiterkochen, bis der Essig verdampft ist. Dann die Weintrauben hinzufügen und noch einmal 5 Minuten kochen. Warm servieren. Man kann die Weintrauben auch abziehen, halbieren und entkernen, aber dadurch würde das Gericht an Geschmack und Farbe verlieren.

WEINTRAUBEN-KÄSE-SALAT

300 G WEINTRAUBEN
210 G ZIEGENKÄSE
150 G RAUKE
SALZ UND PFEFFER
4 EL NATIVES OLIVENÖL EXTRA

Die Weintrauben auf einer Platte anrichten. Den Käse würfeln, um die Trauben verstreuen und die Rauke darüber verteilen. Mit Salz und Pfeffer bestreuen, das Olivenöl darübersprenkeln und zimmerwarm servieren – gekühlt würde das Gericht an Aroma verlieren.

GERÄUCHERTE FORELLENFILETS MIT WEINTRAUBEN

6 GERÄUCHERTE FORELLENFILETS, JE ETWA 210 G
90 G MEHL
480 G WEINTRAUBEN
60 G BUTTER
2 EL NATIVES OLIVENÖL EXTRA
SALZ

Die Forellenfilets im Mehl wenden. Ein Viertel der Weintrauben auspressen, den Saft aufbewahren. Die Butter und das Öl in einer Pfanne erhitzen, die Forellenfilets hineingeben und bei mittlerer Hitze 3 Minuten von jeder Seite braten. Den Weintraubensaft und die übrigen Weintrauben hinzufügen und weitere 5 Minuten garen, bis der Saft fast vollständig verdampft ist. Abschmecken und sofort servieren.

ORANGEN

CITRUS SINENSIS

Im Spätmittelalter und in der Frührenaissance waren Orangen ein Symbol für Reichtum und Macht. In dieser Zeit galt die Orange als exotische Rarität, war die Frucht doch erst im 11. Jahrhundert durch die Araber nach Südeuropa gelangt. Ursprünglich stammt die Orange jedoch aus China. Schon allein dem Namen der Frucht haftet etwas Romantisches an: So spricht Jane Grigson in ihrem *Fruit Book* davon, daß der Name Orange sich vermutlich aus einem indischen Wort ableitet, das eine Frucht »mit Duft« bezeichnete.

Zum Essen waren die Orangen der damaligen Zeit jedoch zu bitter. Heute kennen wir diese Orangen unter der Bezeichnung Bitterorange oder Pomeranze, *citrus aurantium.* Man schätzte sie vor allem deshalb, weil die Bäume so dekorativ aussahen, aromatisch duftende Blüten hervorbrachten und glänzende, wohlriechende Früchte trugen. Aus den Blüten wurde ein wunderbares Destillat gewonnen, mit dem man den Körper parfümierte. Die süße Orange hingegen fand ihren Weg nach Europa erst im 17. Jahrhundert, als portugiesische Forschungsreisende sie aus Indien mitbrachten. Der großflächige Anbau begann erst ein Jahrhundert später.

In Italien finden Sie zwei verschiedene Orangentypen auf den Märkten, die Blondorange und die Blutorange. Zu den Blondorangen, deren Fruchtfleischfarbe von Hellgelb bis Dunkelgelb reicht, gehören so bekannte Sorten wie die Navel und die Valencia und eine italienische Sorte namens Calabrese. Meiner Meinung nach sind aber die Blutorangen sehr viel interessanter. Die erste, die im November aus Kalabrien, Apulien und Sizilien auf den Markt kommt, ist die Moro, eine große Frucht mit tiefrotem Fleisch und einer leicht rötlichen Schale. Als nächste kommt dann im Dezember die Tarocco, die innen wie außen eher hellrot ist. Die schönste von allen, die Sanguinello, kommt als letzte in unsere Läden. Der Name bedeutet »hübsche, kleine, blutfarbene« Orange. Sie hat rotes Fleisch, eine rötliche Schale und gibt beim Auspressen herrlich rubinroten Saft ab. Vor einigen Jahren, als Blutorangen außerhalb des südlichen Mittelmeerraumes noch nicht so bekannt waren, konnte man des öfteren hören, wie ausländische Besucher beim Frühstück zum Kellner sagten: »Nehmen Sie bitte den Tomatensaft wieder mit. Wir haben Orangensaft bestellt.«

ORANGEN-FENCHEL-ZWIEBEL-SALAT

3 ORANGEN, GESCHÄLT
(AUCH DIE WEISSE INNENHAUT)
2 FENCHELKNOLLEN, GEPUTZT
1 ROTE ZWIEBEL, ABGEZOGEN
12 SCHWARZE OLIVEN, ENTSTEINT
SALZ UND PFEFFER
4 EL NATIVES OLIVENÖL EXTRA

Die Orangen, den Fenchel (der Länge nach) und die Zwiebel (hauchdünn) in Scheiben schneiden. Die Orangenscheiben abwechselnd mit dem Fenchel auf einer Platte anrichten. Die Zwiebel darüber verteilen, mit den Oliven dekorieren und mit Salz und Pfeffer würzen. Das Olivenöl darüberträufeln und zimmerwarm servieren. Diesen Salat nicht im Kühlschrank aufbewahren, sonst ziehen die Orangen zuviel Saft.

ORANGEN-ZWIEBEL-REIS

2 GROSSE WEISSE ZWIEBELN,
ABGEZOGEN UND FEIN GEHACKT
90 G BUTTER
1,5 LITER HÜHNERBRÜHE
720 G LANGKORNREIS
GERIEBENE SCHALE VON 2 ORANGEN
SALZ UND PFEFFER

Die Zwiebeln mit der Hälfte der Butter bei schwacher Hitze etwa 3 Minuten dünsten, bis sie glasig werden. Die Brühe zum Kochen bringen. Den Reis zu den Zwiebeln geben, gut verrühren, und wenn der Reis nach etwa 3 Minuten heiß ist, die Brühe dazugießen und die Orangenschale hinzufügen. Zugedeckt etwa 15 Minuten kochen, bis der Reis bißfest ist. Die restliche Butter hinzufügen, gut umrühren, den Topf vom Feuer nehmen und vor dem Servieren noch einen Moment ruhen lassen. Eine delikate Beilage zu geschmortem Lamm oder Hähnchen.

ORANGENSABAYON

6 GROSSE EIGELB
180 G ZUCKER
300 ML ORANGENSAFT
240 ML SCHLAGSAHNE

Das Eigelb mit dem Zucker verrühren, dann den Orangensaft hinzufügen. Im Wasserbad oder über Dampf so lange schlagen, bis die Creme dicklich wird und am Schneebesen haften bleibt. Nicht kochen lassen. Dann die Schüssel in Eiswasser stellen und die Creme kalt rühren. Die Sahne steif schlagen und unter die Orangenmischung heben. Die Sabayon in 6 Champagnerflöten gießen und gut gekühlt – mit Walderdbeeren, falls vorhanden – servieren.

ZITRONEN

CITRUS LIMONUM

Kennst du das Land, wo die Zitronen blühn …
(Johann Wolfgang von Goethe, Lied der Mignon)

Für Nordeuropäer ist Italien das Land der Zitronenbäume; für Italiener ist die Vorstellung von dieser Frucht vor allem mit der Amalfiküste und Sizilien verbunden. Mehr als jede andere Frucht wird die Zitrone mit dem Mittelmeer assoziiert, mit den Bildern von Zitronengärten auf Klippen über dem Meer, mit leuchtendgelben Früchten, die schwer an den Ästen hängen. Eine Dichterin schrieb einmal, daß sie niemals weiter als ein paar Schritte vom nächsten Zitronenbaum entfernt leben möchte – nicht anders geht es mir. Selbst im Norden der Toskana, wo ich lebe, haben wir Töpfe mit Zitronenbäumen im Garten, etwa acht kostbare Familienerbstücke. Wir müssen immer aufpassen, daß wir sie rechtzeitig vor dem ersten Herbstfrost hereinholen, und dann nicht der Versuchung erliegen, sie allzu früh nach den ersten Sonnentagen im Frühjahr schon wieder hinauszustellen. Die Zitrone ist auch eng mit den Gerichten und den Getränken des Mittelmeers verbunden. So verleiht die Frucht beispielsweise Meeresfrüchten ein besonderes Aroma oder liefert uns erfrischende Getränke und Sorbets.

Das Ursprungsland der Zitrone ist vermutlich Indien; man nimmt an, daß Alexander der Große die Frucht dann aus Persien nach Griechenland mitbrachte. Nach Italien und ins restliche Südeuropa kam die Zitrone wahrscheinlich durch die Araber im 9. Jahrhundert. Heute stammen 90 Prozent der gesamten italienischen Produktion aus Sizilien, das fast dreihundert Jahre lang unter arabischer Herrschaft stand. Den Bäumen bekommt das Klima auf der Insel so gut, daß sie bis zu drei Mal pro Jahr Früchte tragen, zu Beginn des Frühjahrs, im Sommer und im Herbst.

Meiner Meinung nach gibt es für die Küche keine nützlichere Frucht als die Zitrone: Ihre Schale enthält aromatische ätherische Öle, die, entweder fein gerieben oder in Streifen geschnitten, unzähligen Zwecken dient; aus dem Saft lassen sich erfrischende Getränke herstellen, und außerdem hebt das Aroma der Zitrone gleichzeitig den Geschmack anderer Nahrungsmittel hervor. So sind Zitronen unerläßlich für Fischgerichte und Gebratenes, um den öligen Geschmack zu nehmen. Weiterhin kann die Frucht für viele süße oder herzhafte Gerichte, von Pasta bis Kuchen, verwendet werden.

Kaufen Sie auf jeden Falll frische, unbehandelte Zitronen. Wenn Sie bisher nur die gewachsten Exemplare kannten, wird das Aroma der echten Zitronen eine Offenbarung für Sie sein. Der Duft erfüllt das ganze Zimmer, und der Geschmack ist viel aromatischer.

ZITRONENSUPPE

3 GROSSE EIER
GERIEBENE SCHALE UND SAFT VON 3 ZITRONEN
1,5 L HÜHNERBRÜHE
180 G GROBER GRIESS
SALZ UND PFEFFER
1 EL FEIN GEHACKTE GLATTE PETERSILIE

Die Eier in eine Schüssel schlagen, den Zitronensaft hinzufügen, gut verrühren und beiseite stellen. Die Zitronenschale zu der Hühnerbrühe geben, zum Kochen bringen, dann die Hitze reduzieren und einige Minuten köcheln lassen. Den Grieß mit der Eimischung verquirlen, dann die Brühe unterrühren. Die Suppe zurück in den Topf gießen, mit Salz und Pfeffer würzen und bei mittlerer Hitze einige Minuten kochen lassen. Von der Kochstelle nehmen, die Petersilie auf die Suppe streuen und sofort servieren.

ZITRONEN-RICOTTA-TORTE

FÜR DEN TEIG
180 G MEHL
120 G GROBER GRIESS
120 G BUTTER, GEWÜRFELT, ZIMMERWARM
120 G ZUCKER
1 GROSSES EIGELB
2 EL MILCH

FÜR DIE FÜLLUNG
1 GANZES EI UND 1 EIGELB
240 G RICOTTA
60 G PUDERZUCKER
GERIEBENE SCHALE VON 1 ZITRONE
10 TROPFEN ZITRONENESSENZ
120 ML SCHLAGSAHNE

Den Ofen auf 175 °C vorheizen / Gas Stufe 4.

Das Mehl, den Grieß, die Butter, den Zucker, das Eigelb und die Milch zu einem Teig verarbeiten. Den Teig in Klarsichtfolie packen und etwa eine Stunde in den Kühlschrank legen. Eine Backform (25 cm Durchmesser) mit einem Stück Butter einfetten. Den Teig ausrollen und die Backform damit auslegen. Etwa 20 Minuten goldgelb backen. Sollte der Teig dabei Blasen werfen, aus dem Ofen nehmen, mit der Handfläche wieder flach drücken und zum Fertigbacken zurück in den Ofen stellen.

Unterdessen die Füllung zubereiten: Das Ei und das Eigelb mit dem Ricotta vermischen, dann den Puderzucker, die Zitronenschale und die Zitronenessenz hinzufügen. Die Schlagsahne steif schlagen und unter die Ricottamischung heben. Die Füllung in die gebackene Teigschale gießen und etwa 20 Minuten goldgelb backen.

ZITRONENCREME (BROTAUFSTRICH)

ERGIBT ETWA 600 G
10 ZITRONEN
10 GROSSE EIGELB
980 G ZUCKER
300 G BUTTER

Die Zitronen auspressen und den Saft durch ein Sieb streichen. Das Eigelb mit dem Zucker cremig schlagen, die Butter und den Zitronensaft hinzufügen und alles schaumig rühren. Im Wasserbad oder über Dampf ständig schlagen, bis die Mischung an einem Löffel haften bleibt. Nicht kochen lassen. Die Creme in vorgewärmte, sterilisierte Marmeladengläser füllen und gut verschließen. Im Kühlschrank hält sich die Zitronencreme bis zu 3 Monaten.

GRAPEFRUITS

CITRUS PARADISI

Bis zum 19. Jahrhundert, als die ersten Grapefruits aus Florida importiert wurden, waren sie in Italien völlig unbekannt. Ihr Ursprungsland ist Malaysia.

Meine erste Grapefruit probierte ich in England, als ich kurz nach dem Zweiten Weltkrieg nach London reiste. Erst Jahre später sah ich dann zum ersten Mal einen Grapefruitbaum, als ich in Südkalifornien war. Und erst vor kurzem hat die Grapefruit auch in Italien Fuß gefaßt und wird jetzt in Sizilien und Kalabrien angebaut.

Ihren englischen Namen verdanken die Grapefruits der Tatsache, daß sie in traubenartigen Büscheln wachsen. Die französische Bezeichnung der Frucht lautet *pamplemousse* und bedeutet »kürbisgroße Zitrone«; in Italien hingegen heißt die Grapefruit *pompelo,* von *pomelo,* einer anderen Zitrusfrucht, mit der sie verwandt ist.

Es gibt verschiedene Sorten Grapefruits. Die Schale ist zumeist gelb, und beim Fruchtfleisch reicht die Farbpalette von Blaßgelb bis Dunkelrosa. Für gewöhnlich sind die rosafarbenen weniger herb im Geschmack. Es gibt auch eine grünschalige Sorte namens Sweetie; ihr Fruchtfleisch ist süß, wie der Name schon andeutet.

In italienischen Kochbüchern aus den fünfziger Jahren ist zu lesen, daß die Grapefruit in Nordeuropa normalerweise mit Zucker bestreut zum Frühstück gegessen wird, und ein Freund aus Kalifornien erzählte mir, daß seine Mutter als besonderen Leckerbissen zum Sonntagsfrühstück eine Grapefruithälfte mit braunem Zucker bestreute und dann ein paar Minuten unter den Grill schob, bis der Zucker karamelisierte. Ich persönlich bevorzuge den von Natur aus süß-sauren Grapefruitgeschmack und finde nicht, daß die Früchte noch künstlich gesüßt werden müssen. In der Küche benutze ich Grapefruits manchmal als willkommene Abwechslung für Rezepte, die für gewöhnlich mit anderen Zitrusfrüchten zubereitet werden. Außerdem ist die Grapefruit mit ihrem hohen Gehalt an den Vitaminen A, B und C eine der ergiebigsten Vitaminquellen unter den Zitrusfrüchten.

GRAPEFRUIT MIT BAISER

3 ROSA GRAPEFRUITS, GESCHÄLT
(AUCH DIE WEISSE INNENSCHALE)
4 GROSSE EIER, GETRENNT
120 G ZUCKER
30 G MEHL
480 ML MILCH
60 G MANDELBLÄTTCHEN

Mit einem scharfen Messer das Fruchtfleisch in Stücke schneiden, dabei die Häutchen entfernen. Das Eigelb mit dem Zucker und dem Mehl verquirlen, die Milch einrühren und dann im Wasserbad oder über Dampf ständig mit einem Holzlöffel rühren, bis die Creme anfängt dick zu werden und Blasen wirft. Von der Kochstelle nehmen und abkühlen lassen, dabei hin und wieder umrühren, damit sich keine Haut bildet. Das Eiweiß sehr steif schlagen und vorsichtig unter die Creme heben. Den Grill vorheizen. Die Hälfte der Baisermischung in eine feuerfeste Form löffeln, die Grapefruitstücke darauflegen und mit der restlichen Baisermasse bedecken. Die Mandelblättchen darüberstreuen und die Backform einige Minuten unter den Grill stellen, bis die Oberfläche goldbraun geworden ist. Sofort servieren.

GRAPEFRUITKOMPOTT

6 GRAPEFRUITS
240 G ZUCKER
480 ML ROTWEIN

Eine Grapefruit schälen und mit dem Zucker und dem Wein in einen Topf geben. Zum Kochen bringen und 20 Minuten köcheln lassen, bis die Flüssigkeit sirupartig geworden ist. Die restlichen Grapefruits schälen, auch die gesamte weiße Innenschale entfernen, und das Fruchtfleisch in Stücke schneiden, dabei die Häutchen entfernen. Die Grapefruitstücke in eine Schüssel geben, mit dem Weinsirup übergießen und in den Kühlschrank stellen.

GRAPEFRUIT-OLIVEN-SALAT

2 WEISSE GRAPEFRUITS, GESCHÄLT
(AUCH DIE WEISSE INNENSCHALE)
1 ROSA GRAPEFRUIT, GESCHÄLT
(AUCH DIE WEISSE INNENSCHALE)
6 EL GIN
6 GRÜNE OLIVEN
FRISCH GEMAHLENER PFEFFER

Mit einem scharfen Messer die Grapefruit in Stücke schneiden. Zusammen mit den Oliven in eine Schüssel legen und mit dem Gin übergießen. Mit dem Pfeffer würzen und bis zum Servieren in den Kühlschrank stellen. Dieses Gericht eignet sich besonders für warme Sommerabende.

KAKIPFLAUMEN

DIOSPYROS KAKI

FÄHRT MAN IM DEZEMBER durch die Toskana, so sieht man auf den Feldern und in den Tälern blattlose Bäume mit rötlich-golden schimmernden Kugeln, die an Weihnachtsbäume erinnern: Es sind Kakipflaumen, ein relativ neuer Anblick in unserer Landschaft. Ursprünglich kommen diese Früchte aus Japan. Sie gehören zur Gattung der Götterpflaumen, *diospyros kaki,* und haben in der Tat etwas Göttliches an sich, in ihrer golden schimmernden Färbung und ihrem üppigen orangeroten Fruchtfleisch, das an die Gewänder buddhistischer Mönche erinnert. Ihr Geschmack ist köstlich süß und etwas würzig.

Doch Kakipflaumen gehören zu den Früchten, die man entweder mag oder nicht. Es ist keine Frucht, nach der ich mich außerhalb der Saison sehnen würde, wie beispielsweise nach Feigen. In Mittelitalien fangen Kakipflaumen so spät im Jahr zu reifen an, daß sie gepflückt werden müssen, bevor sie richtig reif sind – meist im Spätherbst –, und dann noch eine Zeitlang gelagert werden. Die vollreife Frucht hat eine nahezu durchsichtige Schale und sieht aus, als würde sie gleich platzen, was sie auch des öfteren tut, noch bevor Sie vom Markt nach Hause gekommen sind. Das ist aber kein Problem, solange Sie die Frucht gleich essen. Das Fruchtfleisch ist sehr weich und gelatineartig.

Eine Kakipflaumensorte, die im Sharon-Tal in Israel gezüchtet wurde, die Sharonfrucht, ist süßer als die orientalische Kakipflaume und kann schon gegessen werden, wenn sie noch etwas unreif ist. Die amerikanische Kakipflaume *(diospyros virginiana)* kann auch getrocknet werden wie eine Feige.

Am einfachsten genießen Sie eine reife Kakipflaume, indem Sie kurzerhand die Spitze abschneiden und das Fruchtfleisch auslöffeln. Ich finde, diese Frucht schreit geradezu nach Zitronensaft oder, vielleicht noch besser, etwas Limone.

Eine befreundete Japanerin, die in meiner Nachbarschaft wohnt, erzählte mir einmal, wie sie als Kind im tiefsten Winter eine Kakipflaume vom Baum gegessen hat. Das saftige Fruchtfleisch war gefroren: ein exotischer Eislutscher!

KAKIPFLAUMEN-PECORINO-APPETIZER

540 G PECORINO-KÄSE,
IN 6 SCHEIBEN GESCHNITTEN
2 KAKIPFLAUMEN, GEHÄUTET
1 HANDVOLL FRISCHE MINZEBLÄTTER

Die Rinde vom Pecorino entfernen und die Käsescheiben etwa 5 Minuten von jeder Seite goldbraun grillen. Die Kakipflaumen im Mixer pürieren. Die immer noch sehr warmen Käsescheiben auf 6 Desserttellern anrichten, das Kakipflaumenpüree mit einem Löffel darübergeben, mit der Minze bestreuen und sofort servieren.

KAKIPFLAUMENPARFAIT

4 GROSSE EIGELB
90 G ZUCKER
480 ML MILCH
15 G GELATINEBLÄTTER
ODER -PULVER
240 ML SCHLAGSAHNE
4 KAKIPFLAUMEN, GEHÄUTET

Das Eigelb mit dem Zucker verschlagen, dann die Milch einrühren. Im Wasserbad oder über Dampf ständig schlagen, bis die Eiercreme am Löffel haften bleibt. Unterdessen die Gelatineblätter in einer Schüssel mit Wasser 10 Minuten einweichen lassen, dann ausdrücken, zu der Creme geben und – ohne weitere Hitzezufuhr – rühren, bis die Gelatine sich aufgelöst hat. Erkalten lassen. Die Kakipflaumen im Mixer pürieren und das Mus vorsichtig unter die Creme ziehen, bis alles gut vermengt ist. Eine 1,2-Liter-Schüssel mit kaltem Wasser ausspülen und das Kakipflaumenpüree hineingießen. Mindestens 4 Stunden in den Kühlschrank stellen. Zum Servieren das Parfait mit einem Messer rundum vom Schüsselrand lösen und auf einen Servierteller stürzen.

KAKIPFLAUMEN-MASCARPONE-PUDDING

600 G MASCARPONE
90 G ZUCKER
1 EL GEMAHLENER ZIMT
4 KAKIPFLAUMEN, GEHÄUTET
1 EL MANDELÖL

Den Mascarpone geschmeidig rühren, dann den Zucker und den Zimt hinzufügen. 6 Portionsförmchen mit dem Öl auspinseln und mit der Mascarponemischung füllen. Die Oberfläche glattstreichen und die Masse durchkühlen. Die Kakipflaumen im Mixer pürieren. Zum Servieren die Mascarponemasse auf 6 Dessertteller stürzen und mit dem Kakipflaumenpüree garnieren.

MELONEN

CUCUMIS MELO

GROSSFLÄCHIG ANGEBAUT wurden süße Melonen zum ersten Mal im 16. Jahrhundert auf dem päpstlichen Gut von Cantalupo außerhalb Roms. Diese Kantalupen mit ihrer charakteristischen Schale – rauh, blaßgelblich-grün und in Rippen unterteilt – wurden sehr gern als Motiv für die Stillleben des 17. Jahrhunderts genommen. Mittlerweile sind sie zur beliebtesten Melone Europas und Amerikas avanciert. Doch süße Melonen, die nach Ansicht der Botaniker aus China stammen, standen schon, lange bevor die päpstlichen Gärtner mit dem Anbau ihrer Kantalupen begannen, auf dem Speiseplan der Italiener. Tiberius Caesar war so begeistert von Melonen, daß er spezielle Gewächshäuser bauen ließ, um sich das ganze Jahr hindurch daran laben zu können.

Im Laufe der Jahrhunderte wurden Hunderte von Melonensorten aller Formen und Größen gezüchtet. Sie alle gehören zur botanischen Familie der rankenden Kürbisgewächse *(cucurbitaceae)*, zu der sowohl Gemüsepflanzen wie Gurken und Kürbisse als auch Früchte zählen. Allen gemeinsam ist die harte, schön gemusterte Schale, die schützend das weiche, saftige Fleisch umschließt.

Auf dem Markt findet man Melonen nicht nur im Sommer, sondern auch im Winter, wobei die Wintermelonen meist eine glatte Schale, blasses Fruchtfleisch und wenig Aroma haben. Die bekannteste Vertreterin dieser Art ist wohl die Honigmelone. Sommermelonen hingegen sind aromatisch und haben süßes, saftiges Fleisch. Neben der Kantalupe ist in Italien die *retato*, oder Netzmelone, am beliebtesten, die ihren Namen dem Netzmuster auf ihrer Schale verdankt. Sie ist mit den Galia und Ogen-Melonen verwandt, hat eine goldene Schale und herrlich duftendes grünlich-gelbes Fleisch. In der Toskana nennt man Melonen *popone*, was mir sehr gut gefällt, weil der Klang dieses Wortes so gut zu der Frucht paßt.

Eine richtig reife Melone auszuwählen ist schon beinahe eine Kunst. Giacomo Castelvetro, der im 17. Jahrhundert über italienisches Obst und Gemüse schrieb, weiß zu berichten, daß damals die feinen Herren aus Modena ihre Melonen lieber selbst aussuchten und dann ihre Bediensteten schickten, um die zurückgelegten Exemplare beim Händler abzuholen. Mein Obst- und Gemüsehändler, der es nicht mag, wenn die Kunden seine Ware anfassen, nimmt eine Melone in jede Hand, um ihr Gewicht abzuschätzen: Die schwerere ist seiner Meinung nach die bessere. Ein verläßliches Zeichen der Reife ist auch, wenn das Stielende auf Druck leicht nachgibt. Entscheidend für mich ist aber auch der gute Duft einer Melone. Der Volksmund meint, die »männliche« Frucht, die man an einem kleinen schwarzen Punkt am Blütenansatz erkennen kann, sei die Frucht von besserer Qualität.

Melonen eignen sich ganz ausgezeichnet für die Kombinationen aus Herzhaftem und Süßem. Eine der perfektesten kulinarischen Zusammenstellungen ist Melone mit *prosciutto* (Schinken). Diese zwei Bestandteile lassen sich auch gut in ein leckeres und erfrischendes Sommer-Pasta-Gericht integrieren, das zimmerwarm mit ein paar Minzestengeln serviert wird.

WASSERMELONEN

CITRULLUS VULGARIS

Sommer in Italien ist gleichbedeutend mit zu Pyramiden gestapelten Wassermelonen. Die Obst- und Gemüsehändler bieten die Früchte häufig am Straßenrand an, und gegen Mitte August, zur besten Wassermelonenzeit, gehen viele italienische Familien gegen Abend zum nächsten Verkaufsstand, um sich dort mit ihren Nachbarn zu unterhalten und dabei ein riesiges Stücke Melone verspeisen. Wie der Name schon sagt, enthält die Wassermelone soviel Flüssigkeit, daß man beim Essen der Frucht fast das Gefühl hat, man trinke süßen Saft.

Nachdem europäische Botaniker jahrhundertelang geglaubt hatten, die Heimat der Wassermelone liege in Süditalien, wissen wir heute, daß die Frucht ursprünglich aus Afrika stammt, wahrscheinlich aus dem Niltal. Von dort gelangten die Samen der Frucht durch die Araber nach Sizilien. In seinem Buch aus dem 17. Jahrhundert erwähnt Giacomo Castelvetro verschiedene Typen von Wassermelonen, darunter auch Sorten mit gelbem oder weißem Fruchtfleisch.

Die Wassermelonen, die man heute auf den Märkten findet, haben alle rotes Fruchtfleisch. Die drei beliebtesten Sorten sind: die Charleston Grey, eine große und ovale Frucht mit heller grünfleckiger Schale; die Crimson Sweet, ebenfalls groß und rund, mit hell- und dunkelgrünen Streifen; und schließlich die Sugar Baby, eine kleinere und runde Sorte mit dunkelgrüner Schale und besonders rotem, süßem Fruchtfleisch.

Ein rosiges Wassermelonensorbet ist an heißen Tagen ein besonders erfrischender Ausklang für ein sommerliches Mittagessen.

MELONE MIT MINZE

3 MELONEN, JE ETWA 480 G
(KANTALUPE ODER HONIGMELONE)
240 ML WASSER
120 G ZUCKER
1 HANDVOLL MINZEBLÄTTER
120 ML SCHLAGSAHNE

Die Melonen halbieren und die Kerne entfernen. Das Fruchtfleisch herauslösen und würfeln. Die Würfel wieder in die Melonenschalen füllen. Das Wasser mit dem Zucker und den Minzeblättern zum Kochen bringen und dann die Flüssigkeit reduzieren, bis sie eine sirupartige Konsistenz aufweist. Die Minze entfernen, den Sirup abkühlen lassen und dann gleichmäßig über die Melonenhälften verteilen. Die Sahne steif schlagen, die Melonen damit garnieren und das Ganze kühl stellen.

MELONEN-HONIG-EIS

ERGIBT ETWA 1,2 LITER
4 GROSSE EIGELB
120 G ZUCKER
480 ML MILCH
120 ML SCHLAGSAHNE
1,2 KG MELONE, HALBIERT,
VON KERNEN BEFREIT
(GALIA, KANTALUPE ODER
HONIGMELONE)
3 EL HONIG

Das Eigelb und den Zucker cremig schlagen, dann nach und nach die Milch unterrühren. Im Wasserbad oder über Dampf so lange ständig mit einem Holzlöffel rühren, bis die Masse heiß und dick geworden ist, jedoch nicht kocht. Kalt werden lassen. Die Sahne steif schlagen und unter die Creme heben.

Das Melonenfleisch mit einem Löffel herausschaben und durch ein Sieb drücken. Den Honig einrühren. Die Melonenmischung gründlich mit der Creme vermengen, dann in eine Eismaschine gießen und nach Anleitung gefrieren. Wenn Sie keine Maschine haben, die Eiscreme-Mischung in einen geeigneten Behälter gießen und mindestens 4 Stunden in den Gefrierschrank stellen. Nach den ersten 30 Minuten herausnehmen und kräftig durchschlagen. Diesen Vorgang noch zwei Mal in halbstündlichen Intervallen wiederholen, dann die Eiscreme fest werden lassen. Tip: Servieren Sie das Eis mit ein wenig Nektarinenchampagner (siehe Seite 30) oder Heidelbeergrappa (siehe Seite 72) übergossen. Eine herrliche Kombination!

MELONE MIT DREI KÄSESORTEN

3 MELONEN, JE ETWA 480 G,
HALBIERT, VON DEN KERNEN
BEFREIT UND GEWÜRFELT
(GALIA, KANTALUPE ODER
HONIGMELONE)
60 G EMMENTALER, GEWÜRFELT
60 G STILTON, ZERBRÖCKELT
60 G FONTINA, GEWÜRFELT
120 ML VIN SANTO ODER SAUTERNES

Die Melonenwürfel auf die Melonenschalen verteilen, den Wein darübergießen und die Käsestücke anteilig darübergeben. Zimmerwarm servieren.

WASSERMELONENSORBET

1 WASSERMELONE, ETWA 1,2 KG
SAFT VON 1 ZITRONE
240 ML WASSER
180 G ZUCKER
120 G KAFFEEBOHNEN MIT SCHOKOLADENÜBERZUG
1 EIWEISS

Die Melone halbieren und das Fruchtfleisch mit einem Löffel herausschaben. Eine Schalenhälfte aufbewahren. Die Kerne entfernen und dann das Fruchtfleisch mit dem Zitronensaft im Mixer pürieren. Den Zucker und das Wasser in einen Topf geben und bei schwacher Hitze einkochen lassen, bis ein Sirup entsteht. Den Sirup abkühlen lassen und in das Melonenpüree einrühren. Die Kaffeebohnen hinzufügen. Die Mischung in eine Eismaschine füllen und nach Anweisung gefrieren. Einige Minuten bevor das Sorbet ganz fertig ist, das Eiweiß steif schlagen und zu der Sorbetmischung geben. Weiter gefrieren. Wenn es fertig ist, das Sorbet in die zurückbehaltene Melonenschale geben und sofort servieren oder in den Gefrierschrank stellen, bis es gebraucht wird. Wenn Sie keine Eismaschine haben, die Sorbetmischung in einen geeigneten Behälter gießen und mindestens 4 Stunden in den Gefrierschrank stellen. Nach 30 Minuten herausnehmen und kräftig durchschlagen, dann zurückstellen und dieses Verfahren noch zwei Mal in halbstündlichen Intervallen wiederholen. Nach dem letzten Durchschlagen das Eiweiß unterziehen und das Sorbet mit einem Löffel in die zurückbehaltene Melonenschale füllen. In den Gefrierschrank stellen und fest werden lassen.

MELONEN-JOGHURT-DRINK

1 WASSERMELONE, ETWA 1,2 KG
480 ML FETTARMER JOGHURT
240 G ZUCKER
240 ML WASSER
6 STENGEL FRISCHE MINZE

Die Kerne entfernen, das Fruchtfleisch mit einem Löffel aus der Wassermelone schaben und im Mixer pürieren. Den Joghurt hinzufügen und alles gut vermengen, dann die Mischung in einen Krug schütten. Das Wasser in einen Topf geben, den Zucker darin auflösen, dann köcheln lassen, bis ein Sirup entsteht. Erkalten lassen und dann unter die Wassermelonenmischung rühren. Eiswürfel dazugeben, in 6 große Gläser füllen, mit der Minze dekorieren und sofort servieren.

EXOTISCHE FRÜCHTE

BANANEN

MUSA SAPIENTIUM

Bananen gehören zu den beliebtesten Früchten überhaupt; sie sind fast überall zu bekommen und lassen sich äußerst vielseitig verwenden. Entgegen landläufiger Meinung wachsen sie aber nicht an Bäumen. Der sogenannte Bananenbaum ist in Wirklichkeit ein äußerst schnell wachsendes Kraut, das mächtige, breite Blätter und hängende Fruchttrauben entwickelt. Aus botanischer Sicht gehören sie zu den Beerenfrüchten. Wenn die Bananen geerntet sind, wird die Pflanze abgeschnitten, und aus den Wurzeln wächst innerhalb von nur achtzehn Monaten wieder eine neue Pflanze mit Früchten.

Die Banane stammt ursprünglich aus Indien und wird in den Tropen schon seit langer Zeit angebaut. In der Renaissance waren Bananen zwar auch schon in Europa bekannt, galten aber noch als eine exotische Rarität. Mitte des 19. Jahrhunderts entwickelte sich der Bananenhandel zwischen den Vereinigten Staaten und Hawaii sowie zwischen England und den Kanarischen Inseln.

Es gibt zwei Arten Bananen, die Obstbanane, *musa sapientium*, und die Gemüse- oder Mehlbanane, *musa paradisiaca.* Eine reife Gemüsebanane ist grün, mit hartem, rötlichem Fruchtfleisch, und wächst flacher und langsamer als die Obstbanane. Mit zunehmender Reife wird sie dunkler, fast schwarz, und weicher. In ihren Ursprungsländern werden Mehlbananen als Gemüse gekocht, ganz ähnlich wie Kartoffeln, weil sie viel Stärke und wenig Zucker enthalten.

Es gibt viele hundert Sorten von Obstbananen, die auf unterschiedlichste Weise zubereitet oder frisch gegessen werden, vor allem als Dessert, weil ihr weiches, cremiges Fleisch besonders süß ist. Leider gibt es auf den meisten Märkten nur zwei oder drei verschiedene Sorten Obstbananen zu kaufen, allen voran die bekannte Cavendish. In Mailand bekomme ich manchmal rote Bananen aus Kuba oder Ecuador, die weiches, rötliches Fruchtfleisch und einen feinen, süßen Geschmack haben, doch auf die winzigen »Lady-Finger«-Bananen muß ich wohl warten, bis ich das nächste Mal nach Indien reise.

HÄHNCHENBRUST MIT BANANEN UND LAUCH

3 STANGEN LAUCH, GEWASCHEN
UND IN RINGE GESCHNITTEN
60 G BUTTER
6 HÄHNCHENBRÜSTE,
JE ETWA 180 G, OHNE HAUT UND
DER LÄNGE NACH HALBIERT
120 ML TROCKENER WEISSWEIN
SALZ
3 BANANEN
1 EL CURRY

In einer großen Pfanne den Lauch in der Butter etwa 5 Minuten bei schwacher Hitze glasig werden lassen. Die Hitze ein wenig höher drehen, die Hähnchenbruststücke hineinlegen und 3 Minuten von jeder Seite anbraten. Den Wein dazugießen, salzen und einige Minuten köcheln lassen, damit der Wein verdampft. Unterdessen die Bananen schälen und der Länge nach in Scheiben schneiden. Zum Hähnchen geben, einige Minuten miterhitzen, dabei nur die Pfanne rütteln, nicht rühren, damit die Bananen in Form bleiben. Sollte das Ganze zu trocken erscheinen, noch etwas Wein oder Wasser zugießen. Vom Feuer nehmen, mit Curry bestreuen und sofort servieren.

BANANEN-REIS-BEIGNETS

600 ML MILCH
210 G RISOTTOREIS (ARBORIO)
SALZ
90 G ZUCKER
GERIEBENE SCHALE VON 1 ZITRONE
4 GROSSE EIER
1 PRISE GEMAHLENER ZIMT
3 BANANEN
120 G MEHL
1 LITER ÖL ZUM FRITIEREN
2 EL PUDERZUCKER

Die Milch zum Kochen bringen, dann die Hitze reduzieren, den Reis mit einer Prise Salz hineingeben und ausquellen lassen, bis die ganze Milch aufgesaugt ist, dabei gelegentlich umrühren. Den Zucker und die Zitronenschale hinzufügen, das Ganze von der Kochstelle nehmen und abkühlen lassen. 3 Eigelbe mit der Prise Zimt unter den Reis rühren. Die Bananen schälen, in Scheiben schneiden und ebenfalls einrühren. Die 3 Eiweiß steif schlagen und unter den Reis heben. Das noch verbleibende Ei in einem Teller verquirlen. Das Mehl auf einem zweiten Teller verteilen. Die Reismischung zu 36 walnußgroßen Bällchen formen und etwas glätten, erst im Ei und dann im Mehl wenden. Das Öl in einem Topf auf 170 °C erhitzen und die Reis-Beignets portionsweise etwa 5 Minuten darin backen, bis sie goldgelb und knusprig sind. Auf Küchenpapier entfetten und warm halten, bis auch die restlichen Bällchen fritiert sind. Die Beignets auf einer Servierplatte anrichten, mit dem Puderzucker bestäuben und sofort servieren. Ganz phantastisch schmecken sie mit Holzapfel-Weinsauce.

BANANENPUDDING

3 BANANEN
SAFT VON 1 ZITRONE
3 GROSSE EIGELB
SAFT VON 1 MANDARINE
240 ML SCHLAGSAHNE
120 G ZUCKER

Den Ofen auf 175 °C vorheizen / Gas Stufe 4.

Die Bananen schälen und mit dem Zitronensaft im Mixer pürieren. Das Püree in eine Schüssel gießen. Die Eigelbe schlagen und zu dem Bananenpüree geben. Nach und nach den Mandarinensaft einrühren, dann die Sahne und die Hälfte des Zuckers gut unterrühren. 6 Portionsförmchen einige Minuten im Ofen erhitzen. Unterdessen den restlichen Zucker in einen Topf geben und bei mittlerer Hitze goldgelb werden lassen, dabei öfter umrühren. Die Förmchen mit dem karamelisierten Zucker einpinseln, dann die Bananenmischung hineingießen. Die Förmchen in ein Wasserbad geben (Wasserhöhe etwa 0,5 cm) und etwa 1 Stunde backen, bis die Masse fest geworden ist. Aus dem Ofen nehmen und etwas abkühlen lassen. Zum Servieren den Pudding mit einem Messer vom Rand lösen, die Förmchen kopfüber auf einen Servierteller stellen und den Pudding herausschütteln. Warm oder zimmerwarm servieren.

KIWIS

ACTINIDIA CHINENSIS

Den heutigen Europäern sei verziehen, daß sie glauben, die Kiwi sei eine Mittelmeerfrucht, weil sie inzwischen so allgegenwärtig auf unseren Märkten und Tischen ist. In Italien wird sie mittlerweile großflächig angebaut, vor allem in Apulien. Doch die Kiwi stammt ursprünglich aus China und war jahrelang unter dem Namen chinesische Stachelbeere bekannt. Anfang des 20. Jahrhunderts begannen dann die Neuseeländer, mit Samen aus China zu experimentieren, und haben sich heute zu einem der größten Exporteure entwickelt.

Die Kiwipflanze ist eine kräftige Kletterranke, die ein stabiles Gerüst benötigt. Sie bringt große, blaßgelbe Blüten hervor, und ihre pelzigen, braunen Früchte, die in Größe und Form einem großen Ei ähneln, sind genauso merkwürdig anzuschauen wie der kleine, flügellose Vogel, nach dem sie benannt wurden. Die Franzosen fanden die unscheinbare Frucht auf den ersten Blick so drollig, daß sie ihr den Namen *souris vegetalis*, »Pflanzenmaus«, gaben.

Unter der pelzigen, braunen Schale verbirgt sich eine schöne, hellgrüne Frucht, deren kleine Kerne um ein weißes Herz herum angeordnet sind. Das Fleisch ist saftig und weich, hat ein intensives Aroma und einen ganz eigenwilligen köstlich süßen und dabei auch leicht säuerlichen Geschmack, der mich immer etwas an Erdbeeren erinnert.

In den achtziger Jahren war die Kiwi der Liebling der *nouvelle cuisine* und tauchte überall auf: in Salaten und Suppen, zu Fisch und Fleisch und im Dessert. Vielleicht ist das der Grund dafür, daß es mich noch heute immer wieder erstaunt, wie köstlich Kiwis eigentlich schmecken. Jetzt, nachdem der Sturm wieder abgeflaut ist, verwende ich Kiwis oft, um verschiedensten Gerichten Farbe und Aroma zu verleihen.

HÄHNCHEN MIT KIWI

1 HÄHNCHEN, ETWA 1,5 KG
1 HANDVOLL LORBEERBLÄTTER
30 G BUTTER
2 EL NATIVES OLIVENÖL EXTRA
SALZ UND PFEFFER
60 ML TROCKENER WEISSWEIN
6 KIWIS, GESCHÄLT UND IN WÜRFEL GESCHNITTEN

Den Ofen auf 175 °C vorheizen / Gas Stufe 4.

Das Hähnchen mit den Lorbeerblättern füllen, die Brust und die Beine mit der Butter und dem Öl einpinseln und mit Salz und Pfeffer würzen. Etwa 90 Minuten braten, dann aus dem Ofen nehmen, den Wein dazugießen, die Kiwis hinzufügen und noch einmal 5 Minuten in den Ofen stellen. Zum Servieren das Hähnchen in Portionsstücke teilen und auf einer Platte anrichten. Mit den Kiwis garnieren und dem Bratensaft übergießen.

KIWIPARFAIT

ERGIBT ETWA 1 LITER

4 GROSSE EIGELB
120 G ZUCKER
480 ML MILCH
15 G GELATINEBLÄTTER ODER -PULVER
8 KIWIS, GESCHÄLT
60 ML SCHLAGSAHNE

Das Eigelb mit dem Zucker verschlagen. Die Milch einrühren und im Wasserbad oder über Dampf bei schwacher Hitze so lange rühren, bis die Eiercreme dicklich wird und am Löffel haften bleibt. Nicht kochen lassen. Unterdessen die Gelatineblätter 10 Minuten in einer Schüssel mit Wasser einweichen, ausdrücken und in die von der Kochstelle genommene Eiercreme einrühren, bis sie sich aufgelöst haben. Erkalten lassen.

6 der Kiwis im Mixer pürieren. Die Sahne und dann das Kiwipüree in die Creme einrühren. Eine 1-Liter-Schüssel mit kaltem Wasser ausspülen, die Parfaitmischung hineingeben und etwa 3 Stunden im Kühlschrank fest werden lassen.

Zum Stürzen das Parfait mit einem spitzen Messer rundum vom Schüsselrand lösen, die Schüssel kopfüber auf eine Platte stellen und das Parfait herausschütteln. Die restlichen 2 Kiwis in Scheiben schneiden und als Dekoration verwenden. Bis zum Servieren noch einmal in den Kühlschrank stellen.

KIWI-RICOTTA-MOUSSE

6 KIWIS, GESCHÄLT
480 G RICOTTA
120 G ZUCKER
60 ML SCHLAGSAHNE

4 der Kiwis im Mixer pürieren. Den Ricotta mit dem Kiwipüree und dem Zucker in einer Schüssel zu einer geschmeidigen Masse schlagen. Die Sahne steif schlagen und unter die Ricottamischung heben. Die Mousse in eine Servierschüssel geben. Die restlichen 2 Kiwis in Scheiben schneiden und als Dekoration verwenden. Die Mousse etwa 2 Stunden in den Kühlschrank stellen.

LIMONEN

CITRUS AURANTIFOLIA

Wenn Sie in einem Wörterbuch die italienische Bedeutung des Wortes »Limone« nachschlagen, so finden Sie *limetta* oder *lima* oder *limonebergamotto* oder ganz einfach *lime*. Der Grund für diese Unsicherheit liegt darin, daß es die Frucht in Italien nicht gibt. Als ich vor Jahren in Florida ein Stück »Key Lime Pie« aß, war ich sicher, daß mir diese Köstlichkeit auch zu Hause gelingen würde, obwohl ich auf unserem Markt noch nie Limonen gesehen hatte. Leider mußte ich dann feststellen, daß diese ursprünglich tropischen Früchte nicht widerstandsfähig genug für das Klima im Mittelmeerraum sind, nicht einmal für Sizilien, wo man schon versucht hat, sie anzubauen.

Limonen sind die kleinsten Zitrusfrüchte. Sie sind rund oder oval und haben eine glatte Schale, die zum Zeitpunkt der Ernte noch leuchtendgrün ist, mit zunehmender Reife aber immer mehr ins Gelb übergeht. Sie sind sehr aromatisch, und das saftige Fruchtfleisch schmeckt kräftiger, aber nicht so sauer wie die meisten Zitronen.

Es gibt nur zwei echte Limonenbaumarten. Die eine ist die mexikanische Limone, die nur in sehr mildem Klima gedeiht und deren kleine Früchte auch »Barkeeper-Limonen« heißen, weil sie so gern für Cocktails verwendet werden. Die andere Sorte ist die tahitianische Limone, die nicht ganz so empfindlich ist wie die mexikanische und größere, saftigere Früchte produziert.

Limonensaft wurde früher den Seeleuten verabreicht, um sie vor Skorbut zu schützen, der durch Vitamin-C-Mangel entstand. Die Idee, dem Limonensaft Rum hinzuzufügen, um ihn haltbar zu machen, brachte mich einmal auf die Idee, einen Limonenpunsch zu machen.

Grundsätzlich können in den meisten Rezepten Zitronen problemlos gegen Limonen ausgetauscht werden, nur sollte man dabei bedenken, daß Sie von der Limone weniger Saft brauchen. Wie die Zitrone bringt auch die Limone das Aroma anderer Nahrungsmittel besser zur Geltung, zum Beispiel beim Limonen-Apfelkuchen.

LIMONENPUNSCH

60 G GEWÜRZNELKEN
2 LIMONEN
1,5 LITER STARKER TEE
1 PRISE GEMAHLENER ZIMT
240 ML RUM
180 G ZUCKER

Den Ofen auf 175 °C vorheizen / Gas Stufe 4.

Die Nelken in die Limonen stecken und etwa 20 Minuten backen. Den Tee zum Kochen bringen. Die heißen Limonen in eine Metallschüssel legen und den Tee darübergießen. Die Prise Zimt zugeben. Den Rum mit dem Zucker zum Kochen bringen, von der Kochstelle nehmen und anzünden. Noch brennend auf den Tee gießen und sofort servieren.

LIMONEN-APFELKUCHEN

2 GROSSE EIER
120 G ZUCKER
120 G MEHL,
ETWAS MEHL ZUM BESTÄUBEN
120 G BUTTER, GESCHMOLZEN, UND
EIN EXTRASTÜCK ZUM EINFETTEN
GERIEBENE SCHALE UND SAFT
VON 3 LIMONEN
1 EL BACKPULVER
3 GROSSE ÄPFEL ZUM KOCHEN

Den Ofen auf 175 °C vorheizen / Gas Stufe 4.

Die Eier mit dem Zucker in einer Schüssel verrühren. Nach und nach das Mehl hinzugeben. Die Butter, die Limonenschale, den Limonensaft und das Backpulver untermischen. Der Teig sollte ziemlich locker sein. Jetzt die Äpfel schälen und vom Kerngehäuse befreien, in dünne Scheiben schneiden und unter die Kuchenmischung rühren. Eine Springform einfetten und mit Mehl bestäuben. Den Teig einfüllen, die Oberfläche glattstreichen und 40 Minuten backen. Aus dem Ofen nehmen, mit Folie abdecken und weitere 20 Minuten backen, dann die Folie entfernen und den Kuchen etwas abkühlen lassen. Die Springform öffnen und den Kuchen herausnehmen. Warm oder zimmerwarm mit Schlagsahne oder Zimtjoghurt servieren.

LIMONEN-RHABARBER-CREME

900 G RHABARBER
SAFT VON 3 LIMONEN
120 G ZUCKER
240 ML SCHLAGSAHNE

Den Rhabarber schälen, die Stangen in kurze Stücke schneiden und mit dem Limonensaft in einen Topf geben. Zugedeckt bei schwacher Hitze etwa 30 Minuten dünsten lassen, bis der Rhabarber sehr weich ist, dabei gelegentlich umrühren. Sollte gegen Ende der Kochzeit zuviel Flüssigkeit vorhanden sein, den Deckel abnehmen und die Flüssigkeit verdampfen lassen. Den Rhabarber im Mixer oder in der Küchenmaschine pürieren, dann den Zucker einrühren und abkühlen lassen. Die Sahne steif schlagen und unter den Rhabarber heben. Die Limonen-Rhabarber-Creme auf 6 Champagnerflöten verteilen und im Kühlschrank kalt stellen.

MANGOS

MANGIFERA INDICA

Für meine Generation war die Mango die exotische Frucht schlechthin, und für viele ist sie es auch heute noch, obwohl sie auf dem Weltmarkt inzwischen Konkurrenz von Dutzenden anderer tropischer Früchte bekommen hat. Meiner Meinung nach ist die Mango mit ihrem pfirsichartigen Aroma aber immer noch die schmackhafteste. Manchmal wird sie auch als »Pfirsich der Tropen« bezeichnet.

Das Ursprungsland der Mango ist Indien, wo die Frucht schon seit vielen Jahrtausenden wächst. Die Kolonisten brachten die Mangos dann auch in die Karibik, nach Afrika und in andere tropische Länder. Mittlerweile werden über zweitausend Sorten angebaut, selbst in Kalifornien und Florida. Für mich wird diese ambrosische Frucht aber immer mit der Sinnlichkeit Indiens verbunden bleiben.

Der Mangobaum, der schon Buddha Schatten spendete, ist immergrün und kann sehr groß werden. Die Krone ist sehr dicht, kugelig und breit mit länglich zugespitzten Blättern, die kaskadenartig herabhängen. Lange gelblich-rote Blütenrispen erblühen in großen Trauben am Ende der Zweige; in jedem Blütenstand befinden sich Hunderte von Blüten. Die Früchte baumeln verführerisch an langen Stengeln. Wenn sie ihr Reifestadium erreichen, werden die meisten Mangos golden. Einige Sorten bleiben gelbgrün, während andere Farbtöne von Rosa bis Leuchtendrot annehmen. Das rötlich-gelbe Fruchtfleisch ist weich und feucht. Manche Arten sind auch faserig, aber die gängigsten Sorten, die Sie höchstwahrscheinlich auch auf den Märkten finden, sind von eher cremiger Konsistenz. Vom Aroma her sind sie süß mit einem angenehm säuerlichen Nachgeschmack.

Das waren die guten Nachrichten. Weniger erfreulich ist die Tatsache, daß Mangos ausgesprochen hartnäckig am Kern und an der Schale haften, weshalb es ein echtes Stück Arbeit bedeutet, ihr saftiges Fleisch abzulösen. Jeder hat da seine eigene, ganz spezielle Methode, an das Fleisch heranzukommen. Ich kann nur Geduld, Ausdauer und ein gutes Schälmesser empfehlen. Das Ergebnis ist aber auf jeden Fall die Anstrengung wert. Immer wenn mir eine geschälte, in Stücke geschnitte frische Mango serviert wird, bin ich dankbar für die liebevolle Mühe, die darauf verwandt wurde, mir eine Freude zu machen.

MANGO-PROSCIUTTO-SPIESSE

3 MANGOS, GESCHÄLT UND ENTSTEINT
18 HAUCHDÜNNE SCHEIBEN
PARMASCHINKEN (PROSCIUTTO)

Die Mangos in je 6 Stücke schneiden. Die Stücke in eine Scheibe Parmaschinken einrollen und mit einem Cocktailspieß feststecken. Alternativ können Sie auch Ananas statt Mango verwenden oder eine Mischung aus beidem servieren.

MANGO-MINZE-SORBET

1,5 KG MANGOS,
GESCHÄLT UND ENTSTEINT
240 G ZUCKER
120 ML WASSER
1 HANDVOLL FRISCHE MINZEBLÄTTER
60 ML VIN SANTO ODER SAUTERNES

Das Mangofleisch im Mixer pürieren. Den Zucker mit dem Wasser und der Minze in einen Topf geben und köcheln lassen, bis die Flüssigkeit eine sirupartige Konsistenz aufweist. Die Minze entfernen und den Sirup abkühlen lassen. Dann den Sirup und den Wein in das Mangopüree einrühren, das Ganze in eine Eismaschine füllen und nach Gebrauchsanleitung gefrieren lassen. Wenn Sie keine Eismaschine haben, die Sorbetmischung in einen geeigneten Behälter gießen und mindestens 4 Stunden in den Gefrierschrank stellen. Nach den ersten 30 Minuten herausnehmen, kräftig durchschlagen und in den Gefrierschrank zurückstellen. Diesen Vorgang noch zwei Mal in halbstündlichen Intervallen wiederholen, dann im Gefrierschrank fest werden lassen. Zum Servieren mit einem Löffel in Weingläser füllen und nach Belieben noch etwas Wein darübergießen oder mit Zimtjoghurt servieren.

GEBRATENE HÄHNCHENBRUST MIT MANGOSAUCE

240 G GEHACKTE MANDELN
1 GROSSES EI
240 G FEINES PANIERMEHL
6 HÄHNCHENBRÜSTE,
OHNE HAUT UND KNOCHEN
90 G BUTTER
3 EL NATIVES OLIVENÖL EXTRA
2 MANGOS, GESCHÄLT UND ENTSTEINT
SAFT VON 1 ZITRONE
1 EL CURRY
SALZ

Den Ofen auf 175 °C vorheizen / Gas Stufe 4.

Die Mandeln etwa 10 Minuten im Ofen golden rösten. Nicht braun werden lassen, sonst schmecken sie bitter. Das Ei in einem tiefen Teller mit etwas Salz verquirlen. Das Paniermehl auf einem zweiten Teller verteilen. Die Hähnchenbrust erst im Ei und dann im Paniermehl wenden, Butter und Öl in einer Pfanne erhitzen und das Fleisch etwa 3 Minuten von jeder Seite anbraten. Auf Küchenpapier abtropfen lassen und beiseite stellen. Die Mangos im Mixer pürieren, den Zitronensaft hinzufügen und den Mixer noch einmal kurz betätigen. Das Mangopüree in eine Pfanne geben und erhitzen. Das Hähnchenfleisch hinzufügen und zugedeckt bei schwacher Hitze etwa 10 Minuten garen lassen, dabei das Fleisch einmal wenden. Die Mandeln mit dem Curry vermischen, das Hähnchenfleisch damit bestreuen und sofort servieren.

GUAVEN

PSIDIUM GUAYAVA

Wenn ich Guaven oder andere seltene exotische Früchte kaufen will, gehe ich zu Peck im Stadtzentrum von Mailand, nicht weit von der Piazza del Duomo, einem der exzellentesten Lebensmittelmärkte von ganz Italien und ganz Europa. Peck umfaßt mehrere verschiedene Geschäfte an zwei aneinandergrenzenden Straßen, mit jedweder Köstlichkeit, die man sich nur vorstellen kann: Salami, Käse, Pasta, Brot, Desserts und Weine. Inmitten dieses Feinschmeckerparadieses ist es kein Problem, die Obst- und Gemüseabteilung und dort die Guaven ausfindig zu machen. Ihr unverwechselbarer, phantastischer Duft erfüllt die Luft mit einem reichen Blumenbukett, ähnlich wie die Quitte, nur noch intensiver. Wenn ich Guaven koche, finde ich ihr Aroma sogar noch faszinierender, und das ganze Haus ist dann erfüllt von ihrem Duft.

Guaven stammen ursprünglich aus Brasilien, werden heute aber in den meisten tropischen Ländern angebaut; sogar in Florida und Kalifornien versucht man, sie zu kultivieren. Sie wachsen an immergrünen Büschen oder kleinen Bäumen, deren weiße Blüten herrlich duften. Je nach Sorte haben die Früchte die Form einer Pflaume, einer Feige oder einer kleinen Birne. Eine größere Sorte namens Supreme ist so groß wie ein Pfirsich.

Tropische Guaven haben eine dünne, grünlich-gelbe Schale, die Farbe des Fruchtfleisches reicht von Weiß bis Blaßrosa, und die Struktur der Guave ist fleischig und angenehm körnig. Die Ureinwohner von Mexiko nannten sie »Sandpflaumen«. Guaven haben einen süßen Honiggeschmack und sind dabei leicht säuerlich. Bei manchen Sorten sind die Kerne weich und können mitgegessen werden. Die Erdbeerguave *(Psidium cattleianum)* bringt kleine, runde Früchte hervor, die mit zunehmender Reife rot bis violett werden und ein intensives Aroma haben.

Gute Guaven können frisch gegessen werden oder auch Salaten Farbe und Aroma verleihen. Aufgrund ihrer cremigen Konsistenz beim Kochen verwende ich sie sehr gern für süßherzhafte Saucen.

GEBRATENE GUAVEN MIT SCHNITTLAUCH

3 GUAVEN, ENTKERNT UND
IN SCHEIBEN GESCHNITTEN
30 G BUTTER
SALZ
180 ML SCHLAGSAHNE
1 EL PAPRIKA, EDELSÜSS
2 EL FEIN GEHACKTER SCHNITTLAUCH

Die Guavenscheiben in der Butter bei schwacher Hitze einige Minuten braten. Eine Prise Salz und die Sahne hinzufügen, dann einige Minuten köcheln lassen, bis die Sauce etwas dicklich wird. Mit dem Paprikapulver und dem Schnittlauch bestreuen und sofort servieren. Eine wunderbare Beilage zu pikanten mexikanischen Gerichten.

GUAVENEIS

ERGIBT ETWA 1 LITER
6 GUAVEN, GESCHÄLT, ENTKERNT
UND IN WÜRFEL GESCHNITTEN
480 ML SCHLAGSAHNE
240 G ZUCKER
2 EL KIRSCHWASSER

Die Guaven im Mixer pürieren. Die Sahne etwas erhitzen und den Zucker darin auflösen. Abkühlen lassen, dann zusammen mit dem Kirschwasser in das Guavenpüree einrühren. Die Mischung in eine Eismaschine gießen und gefrieren lassen. Wenn Sie keine Maschine haben, die Mischung in einen Behälter gießen und mindestens 4 Stunden in den Gefrierschrank stellen. Nach den ersten 30 Minuten herausnehmen und kräftig durchschlagen, dann wieder zurückstellen. Diesen Vorgang noch zweimal in halbstündlichen Intervallen wiederholen, dann die Eiscreme im Gefrierschrank fest werden lassen.

GUAVENSAUCE

2 GUAVEN, GESCHÄLT, ENTKERNT
UND IN WÜRFEL GESCHNITTEN
90 G BUTTER
1 EL CHILIPULVER

Die Guaven im Mixer pürieren. Die Butter in einer Pfanne schmelzen und mit dem Chilipulver in das Guavenmus einrühren. Die Sauce in eine Schüssel gießen und zu gekochtem oder gebratenem Schinken servieren.

LITSCHIS

LITCHI CHINENSIS

In der Schule haben wir einst die Geschichte von der »Chinesischen Prinzessin« gelesen. Die Prinzessin war die Lieblingskonkubine des Kaisers, und nur um ihr eine Freude zu bereiten, ließ er ihr jeden Tag frische Litschis aus Kanton bringen, die über Hunderte von Kilometern per Pferd zu seinem Palast transportiert wurden. Damals fragte ich mich, was wohl an frischen Litschis so Besonderes sei. Jahre später, in China, fand ich es heraus.

Litschis gelten in China schon von alters her als besonders edle Früchte. Sie wachsen an einem großen, wunderschönen immergrünen Zierbaum, der kupferfarbene Blätter trägt. Nach langer Kultivierung bringt der Baum prachtvolle Büschel rötlicher Früchte hervor, die wie große Erdbeeren aussehen. Litschibäume erinnern mich immer an den *corbezzolo*, den *Arbutus* oder Erdbeerbaum, der in meinem Garten in Coltibuono steht.

Das zarte Fleisch der Litschi wird von einer dünnen, leicht zerbrechlichen Schale geschützt, die man wie die Schale von Eiern entfernen kann. Darunter offenbart sich eine große gräulich-weiße »Perle« mit einem glänzenden, mahagonifarbenen Kern in der Mitte. Die ohne Schale beinahe durchsichtige Frucht wird oft mit einer geschälten Traube verglichen. Eine schöne Beschreibung von Litschis findet sich in Elizabeth Schneiders Buch *Uncommon Fruits and Vegetables*, wo es heißt, »die Litschi sieht einem Wasserlebewesen ähnlicher als einer Frucht«.

Ihre erste Kostprobe einer frischen Litschi werden Sie sicher nicht so schnell vergessen. Das Fruchtfleisch ist faserig und von etwas gummiartiger Konsistenz. Die frischen Litschis, die ich gegessen habe, hatten ein leicht moschusartiges Aroma mit einem Hauch von Rosen und waren vom Geschmack her saftig und süß.

In Italien kann ich frische Litschis mitten im Winter kaufen. Servieren Sie die Früchte so, wie sie sind, beispielsweise zu einem schönen Dessertwein, und Sie haben einen gelungenen Abschluß für Ihr Essen. Manchmal kann man Litschis auch getrocknet als »chinesische Nüsse« kaufen. In dieser Form werden sie oft für süß-saure orientalische Gerichte verwendet.

SÜSS-SAURER FISCH MIT LITSCHIS

90 ML NATIVES OLIVENÖL EXTRA
60 ML WEISSWEINESSIG
2 EL ZUCKER
60 ML TROCKENER WEISSWEIN
3 EL SOJASAUCE
2 EL SPEISESTÄRKE
4 EL WASSER
6 KABELJAUFILETS, JE ETWA 210 G
1 ZWIEBEL, ABGEZOGEN UND GEHACKT
1,5 KG LITSCHIS, GESCHÄLT UND ENTSTEINT
SALZ

Auf kleiner Flamme 2 Eßlöffel von dem Öl erwärmen. Den Essig, den Zucker, den Weißwein und die Sojasauce hinzufügen. Unterdessen die Speisestärke mit dem Wasser zu einer geschmeidigen Masse vermengen. Zur Sauce geben, köcheln lassen, bis die Mischung dicklich wird und am Löffel haften bleibt, dann beiseite stellen. In einer Pfanne das restliche Öl erhitzen, die Zwiebel hineingeben und 3 Minuten glasig werden lassen, dann den Kabeljau dazugeben und bei mittlerer Hitze braten, bis die Filets etwas Farbe annehmen. Die Sauce dazugießen, die Litschis hinzufügen und vorsichtig würzen – die Sojasauce ist salzig. Zugedeckt einige Minuten köcheln lassen, damit die Geschmäcker sich verbinden und die Litschis warm werden. Sofort servieren.

LITSCHIS IM MELONENCUP MIT KARAMELISIERTEN ORANGENSCHALEN

1 WASSERMELONE, ETWA 2 KG
120 ML MEDIUM SHERRY
1 KG LITSCHIS, GESCHÄLT UND ENTSTEINT
2 ORANGEN
120 G ZUCKER
4 EL WASSER
1 EL ZITRONENSAFT
1 EL MANDELÖL

Die Wassermelone halbieren und von einer Hälfte das Fruchtfleisch mit einem scharfen Messer herauslösen. Die Schale aufbewahren. Die Kerne entfernen und dann das Fruchtfleisch entweder würfeln oder mit einem Kugelausstecher zu kleinen Bällchen formen. Die Stücke mit dem Sherry in die Melonenschale füllen. Die Litschis hinzufügen und alles vorsichtig mischen. Mindestens 2 Stunden in den Kühlschrank stellen. Unterdessen die Orangen schälen, die weiße Innenhaut entfernen und dann die Schale in feine Streifen schneiden. Den Zucker mit dem Wasser zum Kochen bringen, die Orangenschalen und den Zitronensaft hinzufügen und kochen lassen, bis der Sirup anfängt zu karamelisieren. Eine ebene Fläche mit dem Öl einpinseln. Die Orangenschalen aus dem Sirup holen und auf die geölte Fläche legen. Erkalten lassen, über der Litschi-Melonen-Mischung verteilen und sofort servieren.

LITSCHIS MIT ERDBEERSAUCE

1 KG LITSCHIS, GESCHÄLT UND ENTSTEINT
300 G FRISCHE ERDBEEREN
3 EL HONIG

Die Litschis in eine Servierschüssel geben. Die Erdbeeren im Mixer pürieren, den Honig hinzufügen und noch einmal kurz mixen. Die Erdbeersauce über die Litschis gießen und das Ganze vor dem Servieren kühlen.

PAPAYAS

CARICA PAPAYA

Erst kürzlich habe ich gelesen, Genforscher hätten herausgefunden, die exotische Papaya sei eine Kusine ersten Grades von Kohl. Linné, der Botaniker aus dem 18. Jahrhundert, der das erste universelle System zur Definition von Pflanzen nach Genus und Spezies erstellte, wäre sicherlich schockiert gewesen. Auch für mich war diese Nachricht sehr überraschend, doch wußte ich von meinen Reisen nach Indien, daß Papayas oft wie Gemüse behandelt werden, ähnlich wie Kürbisse.

Zum Handelsgut, das auch in Europa zu erhalten ist, wurden die ursprünglich aus Malaysia stammenden großen, tropischen Früchte erst Mitte des 20. Jahrhunderts, als auf Hawaii eine Sorte namens Solo gezüchtet wurde. Wie der Name schon sagt, erreicht diese Frucht eine Größe, die gerade für eine Person ausreicht. Mittlerweile werden Papayas in Asien, Afrika, Südamerika, Florida und auf Hawaii angebaut und sind das ganze Jahr hindurch auf dem Markt zu finden.

Die Früchte wachsen in Büscheln an riesigen Bäumen. Je nach Sorte haben Papayas die Form einer Avocado, einer Banane oder einer Birne und sind im reifen Zustand gelblichgrün bis dunkelgelb. Sie haben cremiges, orangefarbenes Fruchtfleisch und in der Mitte einen Hohlraum, der mit Dutzenden schwarzer Kerne angefüllt ist. Vom Geschmack her sind sie süß und erfrischend.

Da die Papaya zu 88 Prozent aus Wasser besteht, wird sie in tropischen Ländern meist roh als Durstlöscher gegessen. Die Frucht gleicht in vielerlei Hinsicht der Melone und wird fast genauso verwendet. Nicht umsonst hieß die Papaya früher oft Baummelone.

PAPAYA-RISOTTO

2 LITER HÜHNERBRÜHE
600 G RISOTTOREIS (ARBORIO)
60 G BUTTER
1 PAPAYA, GESCHÄLT, ENTKERNT UND IN WÜRFEL GESCHNITTEN
SALZ UND PFEFFER
1 PIKKOLO-FLASCHE CHAMPAGNER

Eine große Servierschale zum Anwärmen in den Ofen stellen. Die Hühnerbrühe in einem Topf zum Kochen bringen, dann die Hitze reduzieren. In einem anderen Topf die Butter schmelzen, den Reis hineingeben und bei mittlerer Hitze etwa 3 Minuten rühren. Von der Hühnerbrühe so viel dazugießen, daß der Reis bedeckt ist, dann unter ständigem Rühren köcheln lassen. Jeweils so viel Brühe nachschütten, daß der Reis immer bedeckt ist. Etwa 15 Minuten nachdem Sie zum ersten Mal Brühe hinzugegossen haben, sollte der Reis fertig sein. Jetzt die Papaya einrühren und den Topf vom Feuer nehmen. Mit Salz und Pfeffer abschmecken. Der Risotto sollte cremig sein. Den Topf bedecken und 2 Minuten stehenlassen. Das Drahtgeflecht um den Korken der Champagnerflasche entfernen. Den Reis in die Servierschale geben und die Champagnerflasche in die Mitte stellen. Der Korken springt heraus, und der Champagner fließt über den Reis. Die Flasche entfernen, umrühren und sofort servieren.

FILETSTEAK MIT PAPAYA

90 G BUTTER
1 EL PAPRIKA
1 PAPAYA, GESCHÄLT UND ENTKERNT
6 FILETSTEAKS, JE ETWA 210 G
6 HAUCHDÜNNE SCHEIBEN RÄUCHERSPECK
2 EL NATIVES OLIVENÖL EXTRA
SALZ

2 EL Butter mit dem Paprikapulver vermengen und in den Kühlschrank stellen. Die Papaya der Länge nach in 6 Stücke schneiden und beiseite stellen. Die Filetsteaks in je eine Scheibe Räucherspeck einwickeln. Den Rest der Butter und das Öl in einer Pfanne erhitzen und die Steaks bei starker Hitze etwa 3 Minuten von jeder Seite darin braten. Die Steaks würzen und auf eine warme Servierplatte legen. Die Papayaschnitten in die Pfanne geben, in der zuvor die Steaks gebraten wurden, und 1 Minute von jeder Seite erhitzen. Jedes Steak mit einer Papayaschnitte belegen. Die Paprikabutter in 6 Stücke teilen, auf die Papayastücke legen und servieren.

PAPAYA-SORBET

ERGIBT ETWA 1 LITER
4 PAPAYAS, GESCHÄLT UND ENTKERNT
SAFT VON 3 LIMONEN
180 G ZUCKER
240 ML WASSER

Die Papayas im Mixer pürieren, mit dem Limonensaft vermischen und beiseite stellen. Den Zucker und das Wasser in einem Topf zum Kochen bringen, dann bei schwacher Hitze köcheln lassen, bis ein Sirup entstanden ist. Abkühlen lassen und zum Papayapüree geben. Die Mischung in eine Eismaschine gießen und gefrieren. Wenn Sie keine Eismaschine besitzen, die Sorbetmischung in einen passenden Behälter füllen und mindestens 4 Stunden in den Gefrierschrank stellen. Nach den ersten 30 Minuten herausnehmen, kräftig durchschlagen und wieder zurückstellen. Diesen Vorgang noch zwei Mal halbstündlich wiederholen, dann das Sorbet im Gefrierschrank fest werden lassen.

ANANAS

ANANASSA SATIVA

ITALIENER BESCHLIESSEN IHR MAHL für gewöhnlich lieber mit Früchten als mit Pudding. So wird zu besonderen Anlässen im Winter in manchen Restaurants gern eine halbe frische Ananas serviert – mitsamt dem grünen Blätterbusch der Länge nach aufgeschnitten – wobei das köstliche, herrlich duftende Fruchtfleisch in mundgerechte Stücke zerteilt in der Schale präsentiert wird.

Die erste Ananas sahen europäische Forschungsreisende in dem Land, aus dem sie auch stammt, in Brasilien. Sie nannten die außergewöhnliche Frucht nach ihrem indianischen Namen Ananas. Als die Ananas dann im 18. Jahrhundert nach England gelangte, entfachte sie eine regelrechte Welle der Begeisterung, und der Landadel machte sich umgehend daran, die Frucht im Treibhaus zu ziehen. Man gab ihr den Namen »pineapple«, weil sie aussah wie ein großer Kiefernzapfen. In Frankreich avancierte die Ananas zur Lieblingsfrucht Ludwigs XV. Noch das ganze 19. Jahrhundert hindurch blieb die Frucht eine teure Rarität, bis dann später moderne Ananasplantagen angelegt wurden. Heutzutage ist die Ananas eine ganz alltägliche Frucht geworden, die es häufig in Dosen und als Saft gibt, dennoch hat eine frische reife Ananas immer noch etwas Exotisches an sich, und die Vertrautheit mit der Frucht hat ihren wunderbaren Geschmack in keiner Weise geschmälert.

Die Ananas ist eine »Sammelfrucht«. Jedes einzelne Segment ihrer harten Schale ist eine Frucht für sich, das Produkt einer einzelnen Blüte. Mir wurde gesagt, es gebe Hunderte verschiedener Sorten Ananas, obwohl wir in Italien immer nur eine zu Gesicht bekommen, abgesehen von Miniaturausgaben wie der Baby-Ananas, die hin und wieder angeboten werden.

Warm scheint die Ananas noch mehr Aroma und Süße zu entwickeln und paßt daher wunderbar sowohl zu süßen als auch zu herzhaften Gerichten. Zudem bestätigen Ernährungswissenschaftler, was unser Magen schon immer instinktiv gewußt hat: Die Ananas enthält ein Enzym, das die Verdauung fördert, und ist deshalb bestens als Nachspeise geeignet.

ANANAS-SCHINKEN-SALAT

FÜR DIE MAYONNAISE

1 GROSSES EIGELB

90 G NATIVES OLIVENÖL EXTRA

SAFT EINER ½ ZITRONE

2 EL MILCH

SALZ

FÜR DEN SALAT

1 KOPFSALAT, ETWA 300 G,
DIE ÄUSSEREN BLÄTTER ENTFERNT

1 ANANAS, ETWA 1 KG, GESCHÄLT,
VON DER HOLZIGEN MITTE UND DEN
AUGEN BEFREIT,
IN STÜCKE GESCHNITTEN.

300 G PARMA- ODER SERRANOSCHINKEN,
DÜNN GESCHNITTEN

Zunächst die Mayonnaise bereiten: In einer Schüssel das Eigelb und etwas Salz verrühren, dann langsam das Öl hinzugeben. Beim Rühren nach Geschmack etwas Zitrone und zum Verdünnen etwas Milch hinzufügen.

Eine große Salatschüssel mit den Salatblättern auslegen. Die Ananasstücke und den Schinken miteinander vermengen und mit einem Löffel auf die Salatblätter legen. Die Mayonnaise darübergießen und servieren. Der Salat kann einige Stunden im Kühlschrank aufbewahrt werden, sollte jedoch zimmerwarm serviert werden.

ANANAS-SCHOKOLADEN-MOUSSE

1 ANANAS, ETWA 1 KG, GESCHÄLT,
VON DER HOLZIGEN MITTE UND
DEN AUGEN BEFREIT,
IN 6 SCHEIBEN GESCHNITTEN
180 G BITTERE SCHOKOLADE
90 G BUTTER UND EIN EXTRASTÜCK
ZUM EINFETTEN
4 GROSSE EIER, GETRENNT
120 G ZUCKER
30 G MEHL

Den Ofen auf 200 °C vorheizen / Gas Stufe 6.

Die Schokolade mit der Butter bei geringer Hitze im Wasserbad oder über Dampf sanft schmelzen. Die Masse glattrühren und abkühlen lassen. Das Eigelb mit dem Zucker und dem Mehl verschlagen, dann die Schokoladenmischung einrühren. Das Eiweiß nicht allzu steif schlagen und unter die Schokoladenmischung ziehen. Eine 23-cm-Souffléform ausbuttern und 3 Ananasscheiben auf den Boden legen. Mit der Hälfte der Schokoladencreme und der restlichen Ananas auffüllen und schließlich mit der zweiten Hälfte der Creme bedecken. 30 Minuten im Ofen backen. Entweder sofort servieren, solange die Mousse noch aufgebläht ist, oder später zimmerwarm genießen, dann wirkt sie eher wie ein weicher Kuchen.

ANANASKUCHEN

120 G MEHL
UND ETWAS MEHL ZUM BESTÄUBEN
15 G BACKPULVER
2 GROSSE EIER
120 G ZUCKER
120 G BUTTER, GESCHMOLZEN,
UND EIN KLEINES EXTRASTÜCK
1 ANANAS, ETWA 1,5 KG, GESCHÄLT,
VON DER HOLZIGEN MITTE BEFREIT,
IN KEILE UND WÜRFEL GESCHNITTEN

Den Ofen auf 175 °C vorheizen / Gas Stufe 4.

Eine 23-cm-Springform ausbuttern und mit Mehl bestäuben, überschüssiges Mehl abschütteln. Das Mehl und das Backpulver in eine Rührschüssel sieben, dann die Eier gut unterrühren, ohne daß Klümpchen entstehen. Jetzt den Zucker und schließlich die geschmolzene Butter hinzufügen. Alles gut zu einem geschmeidigen Teig verrühren. Die Ananasstücke einrühren und das Ganze in die vorbereitete Backform füllen. 40 Minuten backen, dann aus dem Ofen nehmen, mit Folie abdecken und weitere 20 Minuten backen. Aus dem Ofen nehmen, in der Form abkühlen lassen, die Springform öffnen und den Kuchen auf eine Platte heben. Entweder warm oder zimmerwarm servieren, eventuell mit Puderzucker bestäubt oder mit Schlagsahne.

GRANATÄPFEL

PUNICA GRANATUM

Auf einem wunderschönen Stilleben aus dem 17. Jahrhundert hat die italienische Künstlerin Giovanna Garzoni einen einzelnen, auf getrockneten Blättern ruhenden Granatapfel dargestellt, der auf einem schweren Marmorteller liegt. Die apfelartig geformte Frucht mit der ledrigen, rötlichgoldenen Schale ist in drei Stücke zerteilt, so daß ihre zahlreichen weißen Kerne und ihr karminrotes Fruchtfleisch zu sehen sind. Die einzigen anderen Objekte auf dem Gemälde sind eine Schnecke, zwei Kastanien und ein fast durchsichtiges, grashüpferähnliches Insekt. Ich interpretiere diese Objekte als Symbole für Tod und Wiedergeburt, eine Bedeutung, die Granatäpfeln schon seit Tausenden von Jahren beigemessen wird. Darstellungen von Granatäpfeln finden sich in altgriechischen Gräbern ebenso wie in der christlichen Kunst des Mittelalters und der Renaissance.

Im 18. Jahrhundert schrieb Giacomo Castelvetro, Granatäpfel könne man roh essen oder auch zum Verfeinern gegarter Speisen benutzen, außerdem seien die Früchte besonders geeignet als Stärkungsmittel für Kranke: »Der Saft stillt den Durst der Fiebernden. Deshalb machen wir einen wunderschön anzusehenden Wein aus den hübschen Kernen dieser Frucht.«

Doch leider scheint der Granatapfel mittlerweile einiges von seiner gastronomischen Attraktivität eingebüßt zu haben, zumindest in der westlichen Welt. Das liegt vielleicht daran, daß er so zeitaufwendig in der Zubereitung ist. In der regionalen italienischen Küche kenne ich nur zwei Rezepte, bei denen heute noch Granatäpfel verwendet werden. Das eine stammt aus Vicenza in der Region Veneto: *paeta rosta al melgaragno*, gebratener Truthahn mit Granatapfelsaft. Das andere ist eine erfrischende sizilianische *granita*, gesüßter Granatapfelsaft auf zerstoßenem Eis.

Für all diejenigen, die etwas Zeit und Geduld haben, die Kerne aus der Frucht zu entfernen, bietet sich die herrlich rubinrote, knackige Frucht mit ihrem süß-sauren Geschmack als köstliche Beigabe für vielerlei Gerichte an: Sie können Granatäpfel für Fisch-, Geflügel-, Fleischgerichte sowie für Reis und Desserts verwenden.